医者の家族がアルコール依存症になったわけ ◉ 目次

医者の家族がアルコール依存症になったわけ

１　序章

私は勤務医の父親を持ち、団塊ジュニア世代として生まれた。一つ上の姉を持ち、特に不自由を感じることなく少年時代を過ごしていた。その後、父親とは違う道を歩むべく医学部以外の大学に入り、そして、とあるメーカーに就職した。就職したものの紆余曲折した挙句、再受験して医学部に入り直して医師となった。一方、私の姉は中・高・大一環の学校に進み、就職した。就職後は上京して結婚、３子を授かった。そしてマイホームを購入して夫婦及び子供たちと円満な家族生活を送っていた。いや、送っていくはずであった。そんな姉がアルコール依存症となってしまった。私から見ると順風満帆なライフプランを過ごしていたようにみえた。アルコール依存症を発症した姉は別居を余儀なくされ、実家に戻ってくることとなり、その後、離婚及び休職・復職を繰り返した。この間、私と私の家族は大黒柱である父が亡くなり、姉を昔から可愛がっていた祖母の介護及び死、叔母の孤独死を体験した。

本書は医師である私が身内にアルコール依存症患者を抱え、家族・医師・会社が協力、そしてもちろん本人の努力によりアルコール依存と向かい合った手記である。昨今、日本は高齢化がますます加速して年金問題、介護、老々介護、孤独死、空き家、高齢者による交通事故などのニュースを聞かない日はない。働き盛りの世代においても引きこもりや各種依存（薬物、アルコール、ギャンブル）や待機児童、シングルマザーなどの問題が噴出しており閉塞感があって生きづらい世の中になってきているようにも思える。医師である私の家族にも父が突然死、祖母の介護、身内の孤独死、姉のアルコール依存と世の中を映し出したような問題が降りかかってきた。何不自由なく過ごしてきた私にとっては全くの想定外である。前述の問題は広い意味で医療に関連している内容であるが一般的な西洋医学（薬物療法や手術）が役に立たないことも痛感した。

　介護の世界は家庭毎に状況が異なるため、各家族に合わせて対策を考えていかねばならない。その人の住んでいる場所や収入、家族構成、年齢等、同じ状況は一つもない。いろいろな状況を鑑みた挙句、その家庭にあった介入が必要となる。アルコール依存症の患者を持つ家族もまた同様で、その家族が置かれている状況にあった対策がなされるべきである。また、昨今の高齢者の運転による交通事故では、高齢者の家族が「なぜ運転を止めなかったのか、免許を取り上げるべき」といった批判にさらされる。これも一概に言うことはできないが、多くの家族は「運転を止めてほしい」と思っており、「運転を止めさせよう」としているのではないかと思う。

高齢者による運転と状況は異なるが、姉がアルコール依存症となった身として気持ちはよく分かる。当然ながら飲酒して運転などして欲しくないし、そもそもアルコールを飲んでほしくないのである。家族として「止めさせたい」のはヤマヤマである。でも、「できない」というところにアルコール依存症という問題の本質的な難しさが伺える。

幸い、私の家族の場合アルコール外来を専門とする木村先生と出会い、そのスタッフの方々、CRAFTと出会うことが出来て姉はアルコール依存症を克服しつつある。CRAFTとは「Community Reinforcement and Family Training」の略であり、アメリカで開発された「アルコール依存症（その他、薬物依存症も含め）の患者を持つ『家族』に向けたプログラム」である。この「家族に向けて」というところが、とても重要である。CRAFTの最終的なゴールの一つが「患者本人が医療機関に受診すること」である。つまり、逆に言うと、アルコール依存症患者が発症した時点で自発的に医療機関を受診することは稀であり、本人の自浄能力に頼ることができないことを物語っている。

アルコール依存症は薬物依存症の一種であり精神疾患、つまりは医学領域の問題である。私の姉の場合、かかりつけ医としてアルコール外来を専門とする木村先生、家では私が、とダブルで医師が介入できるという、ある種恵まれた状況でありながら容易に解決しない。私の医師としての力不足という側面もあるかもしれないが、それだけアルコール依存症という問題自体が難しいのである。実際、医師である私自身が姉の治療に関与できた内容は少ないと思う。しかし、振り返ってみてただ一つ、アドバンテージだったと思えるのは医学の知識があるがゆえに「西洋医学の限界、つまり薬物治療で出来る範囲はごく限られている」ということに早々気づいたことである。つまり母を含め一般人は「薬でなんとかしてください（なんとかなりませんか）、入院してなんとかしてもらえませんか」という発想となる。本人がアルコール専門外来を受診して薬を処方してもらえば、もしくは強制的に入院して断酒できればアルコール依存症は克服できる（治る）、と大半の人は考えるのではないかと思う。実際、それで克服できる場合もあるかも知れないが、その可能性は低いし、私の姉の場合はとてもじゃないがそんな簡単に克服することはできなかった。

因みにこの原稿を書き始めた時点、姉は７日間断酒している。というか、７日前には多量飲酒による地獄の中を彷徨っていた。姉は地獄からかろうじて生還することができたわけであるが、そんな状況の中、私は「姉はアルコール依存を克服できる」と確信している。今後も失敗することはあるかもしれないが、基本的には断酒に成功すると思っている。この根拠ない？自信はＣＲＡＦＴを実践して、その内容に沿った形で成果が出ているからである。いま私と母は姉に対して「酒を止めろ」と一言も言うことはないが、姉はアルコール依存症を克服するため、自発的に木村病院を受診している。以前のような笑顔が見られるようになったし、本体の姉らしい気配りも戻ってきている。突然の変化であり私自身も驚きを隠せないが、素直にうれしい。

一度アルコール依存症の患者を抱えた家族にとって現状は出口のない深い暗闇の中にいる。そもそも本人に病識（自分が病気であると自覚すること）がなければ病院も行政も役に立たない。八方ふさがりと感じている家族も多いだろう。本書ではＣＲＡＦＴを実践する前、後について私自身の反省も踏まえて姉の経過を振り返っていく。ＣＲＡＦＴの内容を詳細に触れることはしないが、私や母がＣＲＡＦＴを実践するにあたり、「どのように工夫したか」、「どういった点がうまくいって、どういった点が良くなかったか」を述べる。また、アルコール依存症の患者を持つ家族の前に往々にして立ちはだかる社会の仕組みについても述べたいと思う。

そして最後に強調しておきたいのが「アルコールは本邦において合法の薬物であり、アルコール依存症はれっきとした病気である」ということである。日本では昔から飲酒に対して寛容な土壌があり、飲酒を強要される場面も多く存在する。また、アルコール依存症患者はアルコール依存症になりたくてなったわけではない。とかくアルコール依存症患者に対しては本人への責任論（飲む奴が悪い）となりがちだが、れっきとした病気である以上、原因は他にある。患者本人はアルコールに依存せざるを得ない状況に追い詰められているのである。「本人からお酒を取り上げれば済む」という問題ではないことを周囲の人間が認識すべきである。

　本書を通じてアルコール依存症患者本人及び家族や仕事仲間が、「何故お酒に走らざるを得なくなったのか」、「どのように接して、どういった言葉を投げかければ良いのか」、「本人が起こした問題行動に対して、どういう介入をして、どういったことを覚悟すべきか。どこまでのリスクなら許容範囲なのか」といったことを考え、周囲の人間がアルコール依存症に振り回されず自分らしく過ごせるようになること、そして一人でも多くアルコール依存症患者が飲酒から離脱できれば幸いである。

2　きっかけ

私は高校を卒業後、地元から離れた大学に進学して大学生活を謳歌していた。その当時、使えるお金は限られていたが、社会に閉塞感はなかったし、ＳＮＳなどのツールで煩わしさや窮屈な思いをすることもなかった。社会は今よりも寛容で、気の合う仲間たちと毎日泣いたり笑ったり、好きなように過ごしていた。大学を卒業後、私はメーカーに就職して仕事に就いた。大学を十二分に満喫した私は、ある種「燃え尽きた」感があり、はっきり言えば「学生気分が抜けきってない」と上司や先輩方に叱責されるような、抜け殻のような感じで仕事をしていた。折しもその当時、転職が流行っており（現在も、かもしれないが）ＣＭなどでも、よく目にする機会があったため、いまいち何がやりたいのか分からない「糸の切れた凧」のようなフラフラとした気分だった私は転職エージェント会社に行って、相談したりしていた。そんな模索が続く中、ふと本屋に立ち寄りぼんやりと本を眺めていたら、「医学部再入学」の文字が目に入ってきた。

以前から医師である父は私が高校の頃から、私の意志を尊重しつつも、私が医学部に入ることを望んでいた。そんな父の気持ちを察しつつも反抗期である（今思えば）私は「父とは別の道を進みたい」と思春期の頃から決意していた。従って、しらずしらずのうちに私の中で「医学部」はタブーとなっていた。しかし社会人となり、自分の人生に迷いを感じ始めていた私は恐る恐る本を手に取り、読んでみた。大学や仕事で挫折を味わうこともあり、特に目標も見つからない日々を送っていた私は医学部を目指すこととした。紆余曲折あったが、無事医学部に合格することが出来た。

合格が決まったとき、私は父にすぐ電話した。「良かったなー。ホントに良かったなー」、とても喜んでくれた。こんなことを言うと反感を買うかもしれないが、「医師となって病気を治す」や「不調を訴える患者に適切な検査を施して病気を診断したい」という気持ちより、ただ単に「父の喜ぶ姿が見たかった」「父に認めてもらえたい」と私は望んでいたのだ、と思った。そしてこれまで医学部への入学を拒否し続けていたのは、「私が反抗期だったから」ということに気付いた。高校の同級生からは「気づくの遅すぎるやろ！」と笑いものにされた。

一方、姉は順調、かつ気楽に（弟である私からみて）地元の大学に進学した。私同様、大学では充実した学生生活を送っていたようである。姉はもともと活発で外向的な性格であり、大学のときは体育会系の部活に所属していた。バリバリの体育会系に所属する姉をうらやましいと思うこともあったが、体育会系のノリがそこまで合うとは思えなかったので、自分自身が目指そうという気にはならなかった。姉がアルコールとちゃんと?お付き合いしだしたのは、その大学時代だったのだと思う。当時のことなのでイッキ飲みなど欠かせなかったと思うし、姉の性格から考えると率先して自分も飲み、相手も潰す、といった飲み方をしていたのではないかと思う。とはいえ、大学時代はとくにアルコールで問題を起こすことはなかった。

姉は大学を卒業後、上京して結婚し、夫と共に家族向けマンションに賃貸で住んでいた。確か4階建ての4階に住んでいたように思う。最上階であったため広々としたベランダがついており洗濯やガーデニングなどしやすそうに思えた。そこで第1子を儲けた。男の子だった。私にとっては初の甥っ子であり、かわいらしかったのでとても喜んでいた。私の両親も喜んでいた。たまに姉が帰省した際には、母方の田舎にまで足を延ばし、私の従弟や母方の祖母に赤ちゃんを見せてくれた。祖母は姉に子供ができて見せに来てくれたことにとても喜んでいた。姉は昔から祖母を慕っていて、祖母に結婚式に参加してもらえたことやひ孫を見せることができたことについて喜んでいた。祖母はその当時80歳くらいだったと思うが、やはり長年生きてきた経験というか、赤ちゃんの相手はお手の物で、あやすのが上手かった。私も、ときに抱かせてもらうこともあったが、恐る恐るで危なっかしいものだった。

地元から離れて住んでいた姉は出産後も育児はほぼ一人でこなし、フルタイムで以前と変わらず仕事を続けていた。いわゆるワンオペ*というやつである。姉は第1子を儲けてからも仕事を続けていたが、精神的に不安定になることがあり、義兄から実家に電話がかかってくることがあった。その頃、私は地方の医学部に通っており、たまにそういった姉が不調であるという連絡は来ていたが遠方だったため両親に任せていた。

医師の間で「蹄の音を聞いてシマウマがきたと思う」という比喩がある。蹄の音を聞いたら、普通は馬なのだが、可能性がとても低いシマウマがきたと想像する。つまり私は、講義に出てくる非常に稀な疾患を姉は発症したと考えていた。父はそんな私を一笑に付して「調べたければ調べればよいけど、そんなわけない」と一蹴された。父は「姉が何らかの疾患を発症している」ということ自体否定していた。昔から父は姉を信頼していて、また同時に守ってきていた。「姉が明らかにおかしい、何らかの疾患を抱えている」と私は感じていたが父は「単なる気分によるもの、病気なわけはない」と取り合わなかった。私は私で相変わらず「蹄の音を聞いてシマウマ」であり、「こんな病気が考えられるから、こんな検査をしたほうがいい」とか家族を説得しようとしていた。もはや国家試験の勉強の時にしか聞かない稀な名称の病気を疑ったりしていたため、今やどんな疾患を鑑別として挙げていたか名前すら思い出せない。私がしつこく言ったからか、もしくは本人も何かおかしいと感じていたからか、姉は病院に行って頭部ＣＴやＭＲＩ検査を受けたようである。特に異常はみつからなかった。落ち着くと普段どおりとなるため、その後は誰も気に留めることなく日々過ごしていた。

＊ワンオペ

飲食店等で深夜など人手が不足する時間帯に一人の従業員に全ての作業を行わせること。ワンマン・オペレーションの略。そこから派生し、妻が家事や育児を夫の協力を得られずに全て一人で切り盛りすることを「ワンオペ家事」と呼ぶ。

3　父の死

　医学部5回生も終わりが近づいてきた頃、一つ上の先輩が国家試験を終えて先生方とともに慰労会を開いていた。翌年は私が国家試験を受ける立場となる。先生方がおられる飲み会なため、飲酒は強要されず、いつもどおりお茶を飲んで先輩方の話を聞いていた。一次会が終わった頃従弟から着信があった。「おっちゃんが倒れた」、「従弟が言う、おっちゃん」、つまり私の父のことである。「はあー？」と答えた。状況が呑み込めなかった。父が何かにつまづいて転倒したか、尻もちでもついたのだと思った。従弟が「もうダメかもしれない」と続けた。

　とりあえず私は母に電話した。思ったより動揺していない様子だが、普段怒るような口調で「すぐ帰ってきなさい」と。「もう亡くなっているの？　二次会の幹事とかあるから」と私は答えた。あまりに突然で不測の事態だったため混乱して何をすればいいのか分からなかった。飲酒していなかったため車で実家に帰ることができた。嘘であってほしいと願いながら5時間くらい運転して実家に着いた。嘘であってほしいという願いも空しく、姉が先に到着して父の死亡を確認していた。「あれほど辛い気持ちで新幹線に乗ったことはない」と後で姉は話していた。

喪主となってしまった私は悲しみにくれる暇もなく、葬儀の準備に追われた。葬儀会場では甥っ子たちが楽しそうにはしゃいでいた。自分たちの祖父にあたるわけだが、「死」というものについて理解するには幼すぎた。甥っ子たちがはしゃいでるのを見ても特に注意したり怒る気にもならなかった。あまりに突然の出来事で何も思うことはなく、父が亡くなったことについてただただガックリした。

「あと1年で医師になるのに」、「父の執刀する手術になんでもいいから入っとけば良かった」といった思いがあった。父は外科医であり、ユーモアのあるときもあったが職人気質な人間だった。私にとって父は偉大な存在であり、それと同時に取っつき難い存在でもあった。姉は趣味や好みなども父と合っていたためか、父の仕事上の悩みについて聞いていたし、酒を飲んで酔っ払ったときは「父が姉に」もしくは「姉が父に」電話して話したりしていた。父の仕事の話については、殆どが姉や母経由で私は聞くことが多く、直接父と話すことは少なかった。医師の仕事のことや医局のことなど聞いたこともあったが、「それは医者になってから」という感じの答えで、あまり教えてはくれなかった。私も「医師になれば教えてくれるだろう」くらいにしか思わず、深く追求することはしなかった。いまだに「もっと教えてくれていればいいのに、もっと色んなことを聞いとけばよかった」と今でも思わずにはいられない。

ひと段落するといつもの生活に戻り、普段どおりの振る舞いをしていたが、心の中は文字どおり「心底ガックリ」していた。我が家にとって父の存在は偉大だった。医学部に合格した時、父はとても喜んでくれた。父の存在がなければ最初の大学入試の時に医学部を視野に入れていた可能性もあるし（合格するかは別として）、社会人になってから再度医学部に挑戦することもなかったと思う。医学部に合格した時に父が喜んでくれるのを見て、「本当に良かった。親孝行できた」と思った。なので、父を失うと大きな目標を失った空虚感に襲われた。私だけでなく我が家にとっても大きな痛手だった。母は独居を余儀なくされた。姉は結婚していたが、結婚は一つの家族と別の文化を持った家族が一つになるものである。今思えば、大黒柱である父の死をきっかけに我が家と義兄家族とのパワーバランスが崩れていった。

そんな中、姉は第３子を出産し、私はなんとかかんとか国家試験に合格して研修医となった。地元ではなかったが割とすぐに実家に帰れるように考慮して交通の利便性が高い病院に勤めだした。姉は第３子を授かってから、しばらく落ち着いていたが飲酒が再開して仕事やネグレクトが起こっていたが、父を失ったショックのせいであり、仕方がないものだと思っていた。

4　顕在化

4・1　発作

父が亡くなった翌年、私は医学部を卒業した。無事、国家試験に合格して晴れて研修医となった。研修医としての仕事は楽しかった。目が回るように忙しい病院ではなく諸先生方も優しかったためである。初期研修医はいわば「お客さん」である。いろいろな診療科を回って基本的なことを学び、自分の将来を決めていく期間である。各診療科からすると「青田刈り」のような採用期間でもあるため、「お客さん」に悪い印象を持たれて新人が来なくなるより人気がでたほうがいい。従って、基本的に初期研修医には優しく接するのである。そんな裏事情もあまり理解せず、毎日楽しく過ごし、仕事が終われば近くの公園でランニングや筋トレする日々を送っていた。

姉がアルコール依存症かもしれない、と思ったのはその頃だった。多量の飲酒により潰れてしまい、会社を欠勤したり子供の面倒や家事を一切放棄してしまうネグレクト（以下、発作と呼ぶ）が出るようになった。発作が出るたびに義兄から母に連絡がきた。

私は精神科医ではないが症状から姉は*境界性パーソナリティー障害を発症していると思っていた。義兄からの話を聞くと、暴力的な言動や自傷行為（のふり）が見られたためである。「躁うつ病（双極性障害）」まではいかないが、それに近い状態だと思っていた。精神科専門ではないので境界性パーソナリティー障害と躁うつ病の細かい違いは分からないが、自分で調べた結果、そう思い込んでいた。それを母や義兄に伝え、姉も心療内科を受診して抗精神病薬や安定剤を処方してもらっていた。医師は薬を処方する際に、病名をつけなければいけないという決まりがある。保険診療する場合、つけた病名に対して治療が施されるということになる。つまり、姉が抗精神病薬や安定剤を処方されているということは何らかの疾患名がついているはずである。「適応障害」という病名だった。境界性パーソナリティー障害ではなかったが、何らかの精神疾患の病名がついたのである。私は飲酒が根本原因ではなく精神疾患が欠勤やネグレクトの原因であると思っていた。

しかし、姉は忙しかったからか心療内科への受診は行かないようになり発作の頻度が少しずつ増えていった。発作が起こるたびに母に連絡が入り、母が関東まで行って家事・育児の手伝いや姉を介抱していた。母は父が存命の時代からずっと専業主婦であり、感情と感覚で物事を判断するタイプである。姉の症状について客観的な観察や必要な医療情報を提供できるわけではないので私と義兄が電話で相談する、という機会が多くなった。義兄との電話は長くなり義兄から「アルコール依存だと思うのですけど。発作が起こるのは多量の酒を飲んだときなのですよね」と言われたが、精神疾患が主と考えていた私は精神疾患にアルコールの多飲、月経前症候群が組み合わさって発作が起こるのだろうと理解していた。

これまで「発作」と一言で片づけているが三人の小さな子供がいる家庭では大問題である。姉は平日には割と落ち着いていたが週末になると多量の飲酒により完全に動けなくなった。それほど飲んでいた。姉夫婦の問題に私が関与する義理はない、というか口を挟むと余計にややこしくなるので関わらないようにしていたが、姉が潰れてしまうと途端に食事・家事・育児が止まってしまう。義兄から母を通じて私に再三連絡が入り、義兄と相談した。義兄は「自分自身は仕事になるべく専念したい。ダブルインカムとならなくてもよいので姉が仕事を辞めるか時短となって家事や育児に専念して欲しい」と再三訴えていた。

姉は仕事に対するモチベーションが高く、また家事や育児についても完璧を求めていた。しかし三人の子育てと家事、フルタイムの仕事は荷が重すぎた。そして完璧を求める性格も災いして姉のキャパシティーを超え始めていた。時間がないため姉は絶えずイライラするようになり飲酒すると更に歯止めが利かなくなるのか子供たちへもキツい言葉を浴びせかけるようになった。また、そういった発作の最中に義兄の両親と電話して相手の両親に暴言を吐き、姉と義兄両親との関係は悪くなってしまった。姉自身も義兄両親に対する嫌悪感が強くなった。義兄の両親は関東に住んでいたが姉の子育てや家事の手伝いを双方が拒んでいるような状況となってしまった。そのため、週末に発作が起きて家庭内が全て止まってしまうと私の母に連絡が行き、その度に地元から5時間かけて姉のもとへかけつける、ということが度々起こった。

私は初期研修医となったばかりであり平日に姉のところへ向かうのは不可能だった。しかし姉の家庭と母に限界が近づいているのは分かっていたため、私が行っても特に力になれることはないと思いながらも発作の連絡がきたときは母と相談して週末に姉のもとに行くことにした。

*境界性パーソナリティー障害
境界性パーソナリティー障害は、感情・行動・対人関係が不安定になる障害のこと。成熟しきれていないパーソナリティーが未熟なまま、様々な症状を生み、周りとの人間関係でトラブルに発展しやすく、周囲の人からは「困った人」と認識されてしまうという特徴がある。

4・2　救急要請

ある日、義兄から母に電話があった。また姉が発作を起こしたと。母が忙しいようなので私が姉のところに行った。その頃、姉は私と母の協力を嫌がっていた。何かある度にすぐに母へ電話して協力を請い、自分たちで解決しないと義兄に対しても怒っていた。姉の家に着いたのは20時頃だった。姉は不機嫌そうだったが、とりあえずは私を部屋へと案内した。義兄が持ち帰りの食事を買ってきたようで、姉が私に食べるか聞いてきた。「頂こうかな」。姉が「温める？」と聞いてきたので「温める」と答え、自分で準備しようとした。が、姉のほうが素早く電子レンジに食料品を入れて、そして突然怒鳴った。持っていた陶器の皿をシンクに叩きつけて割り、「お前ら、何も動こうとしない！」と叫んだ。一瞬のことで身体が固まった。恐怖を感じた。義兄は元々体育会系出身で体格がかなりいい。私も当時はランニング、ダッシュ、筋トレと身体を鍛えていたので体力で負ける気はしない。が、姉の凄まじい気迫に二人とも気押された。キッチンで皿をたたき割ったので、その迫力で皿の破片や包丁で刺して来たらどうしようと後ずさりした。

　境界性パーソナリティー障害だと思っていた私は精神疾患による発作だと判断して救急車を呼んだ。救急車が到着して隊員が家の中に上がってきた。隊員が精神科のある病院への受診を説得し始めたが、姉は救急車への乗車と搬送を拒否した。国家試験の勉強の知識が残っていた私は救急隊員に「自傷他害の恐れがある」といって何とか搬送してもらえるようにお願いした。「自傷他害の恐れがある」場合は本人が入院を拒否していた場合であっても、いわゆる強制入院（措置入院[*]や医療保護入院[*]）させることができるのである。しかし、強制入院となる基準は細かく設定されており、簡単に言うと「よっぽど」のことがないと強制入院の適応とはならない。というか、それ以前の問題として「救急搬送」する場合は原則として本人の同意が必要である。従って、例えば道端で怪我している人がいて重症そうだと思って救急要請すると救急隊は応酬義務があるため現場に向かうが、怪我した本人が搬送を拒否すると強制的に病院に連れていくことはできない。

本当に「自傷他害の恐れがある」場合、本人に了承を得て救急車に乗ってくださいなどと言えない（それが通用する相手であれば、そもそも自傷他害を止めさせることが可能であろう）ので管轄は警察となる。警察に通報して来てもらって本人と周囲の安全を確保した上で精神科病院に連れて行ってもらうのである。また、一般的な精神科クリニックでは入院施設を持たない。重症の境界性パーソナリティー障害だったり、うつ病だったりすると一般の病院の入院施設だと警備上問題がある。そのため、そういった患者を受け入れる施設は集約化しており閉鎖病棟（外部から鍵をかけられる）を持つ精神科病棟を持つ病院は各都道府県に数個しかない。興味ある人は調べてみればすぐに分かるが人口が非常に多い都市であっても驚くほど少ない。こういった精神科の状況は段々と分かってくるのだが当時はその状況が理解できていなかったため片っ端から入院できる可能性をあたっていっては全て断られていた。

姉の話に戻ると、女性の隊員の方が「女同士のほうが話しやすいでしょう」と病院受診の説得をしてくださり、その間に私は閉鎖病棟がある精神科病院を調べて入院可能か尋ねていた。何とか姉が救急車の乗車を承諾したのは23時かそのくらいだったと思う。義兄は家で子供の面倒を見るため私が救急車に同乗していくこととした。なにせ各都道府県に数個しかないような施設なので、家から歩いて3分、みたいな所には存在しない。30分以上はかかったか。救急車が到着した施設はとても辺鄙な場所だった。何はともあれ専門の病院まで連れてきたので一安心だと思った。が、ここでも壁が待ち受けていた。やはり姉が受診を承諾しない。どうしようもないので私が医師に状況を伝えて「自傷他害の恐れがあるから」と説得した。対応してくれた精神科の医師も完全に外れくじをひいたと思っていたに違いない。正直言って救急車で搬送される前から受診したところですることはないし、強制入院の適応など全く無し、と分かっていたはずだ。結局私がゴネたから「とりあえず来たら診ますよ」としか言いようがなかったのだろう。しばらくすると救急隊員が説得してくれたのか姉が受診に応じた。私は疲れ切っていたが入院となると、強制入院でないとしても家族の同意が必要だったりするので診察が終わるのを待っていた。迷惑を掛けまくり、多大な時間と労力を使ってもらった救急隊員には帰っていただいた。

診察が終わり、姉が出てきたが診察の内容は分からなかった。当然のことながら入院などできるわけもなかった。姉が同意しなければ入院はあり得ないし、強制入院の適応にならないことは事前に先生と話したときに伝えられていた。結局何一つ成果を出せることなく家に戻ることを義兄宅にいる母と義兄に伝えるしかなかった。病院を後にして姉はすこぶる機嫌が悪かった。救急隊員がいたときは少し取り繕っていたのだろう。真夜中にすごい辺鄙な場所に来てしまったのでタクシーで帰るしかなかったが、姉は一緒に帰るのを頑なに拒否した。どうしようもなかった。とりあえず私はタクシーで義兄のところに帰った。しばらくすると姉も戻ってきた。後から思うと酒を買いに行くためにタクシーの同乗を拒否したのだった。酒を買おうとすると私が止めに入るからだ。姉は途中で酒を買って飲んだのだと思う。そして酒を飲んだせいか幾分落ち着いた様子で帰ってきた。私は少し寝させてもらい朝になって家に帰った。

この一件の後も、姉は週末になると飲酒して崩れることが多くあった。週明けに欠勤することも度々あったが数日すると回復して何事もなかったかのように出勤していた。発作が起こると義兄から母に連絡がきて、母から私に電話が入る。「父が生きていればこんなことにはならなかった。早く死んだ父が恨めしい」といって、よく母は泣いていた。私は「姉はいまこんな状態だから、こういった感じで対処すればうまくいく」という内容のことを母と義兄に話して、なんとか納得してもらう、という状況が度々起こった。

ある週末にまた義兄から母に姉の発作の連絡がきた。いつものごとく母から私に連絡が入り、母は育児と家事の手伝いをすべく関東の姉の家に駆け付けた。義兄も限界が近づいているのは重々承知していたため私も次の日の朝一で関東へと向かった。姉はそこまで飲酒しているわけではなかったが、機嫌はすこぶる悪かった。土曜日だったので何とか近くのかかりつけの心療内科クリニックへ受診するよう説得した。もちろん交渉は難航したが、最悪な機嫌のなか姉はクリニックの受診をしぶしぶ承諾して私と母がついていった。義兄が第1子と第2子を預かり、クリニックへは第3子を連れて行った。受診の内容は相変わらず分からなかったが、ひとまず受診させたことで私と母は安心して帰路についた。

　姉は第3子を連れて歩いていたが「ついてこないで！」と私と母の同行を頑なに拒否した。私と母は「またお酒を買いに行くのではないか」と思い、拒否されたが数歩後をついていった。クリニックから家に帰る途中に郊外型の大型スーパーマーケットがあり、姉はそちらの方向に向かっていった。「ご飯を食べる。ついてこないで！」と姉は言って大型スーパーマーケットにあるハンバーガー屋みたいなところに第3子を連れて入っていった。私と母は少し離れた外で待っていた。しばらくすると姉一人だけがスーパーで買い物しようと出てきた。またお酒を買いにいくに違いない。私は止めに入った。「どいて！」姉は叫び私を押しのけて無理やりスーパーに入ろうとしていた。そこからは、土曜の夕方、郊外の大型スーパーマーケットの前で私が姉との大立回りを演じる羽目になってしまった。前述の通り、私は身体を鍛えているため私より体格の小さい姉がどれだけ暴れようとも体力で負ける気はしなかった。が、予想以上に姉の力は強かった。仕方なく私は足をかけて怪我の無いように転倒させることとした。中学、高校の頃によく相撲を取っていた私は足をかけて倒すことは造作もなかった。しかし、姉は転がってもすぐに立ち上がり向かってきた。周りに見物人が集まってきた。周りの人にはよくある痴話げんかで私が恋人にでも暴力を振るっているように見えたのであろう。何度倒されても姉は立ち上がってきた。何回か倒されたのち、力で対抗できないと悟ったのか姉は爪を立てて私の手をかきむしってきた。「どんなに攻撃して来ても酒を買いに行かさない！」と言って姉の攻撃に耐えた。冬だったので私はダウンジャケットを着ていたが、この大立回りでジャケットの左腕が取れてしまった。ようやく周りの人も姉の様子がおかしいことに気付き始めていた。私は救急要請するよう母に伝え、救急隊員にとりあえず姉を引き取ってもらった。２歳くらいの第３子はレストランに置き去りになっていた。慌てて母が迎えに行った。その後、どんな風に家に戻ったか覚えていないが、姉は救急車による病院への搬送を拒否したように思う。いずれにせよ自宅の近所で救急要請したことに対して姉は私に対して凄まじく怒っていた。

この一件で姉はアルコール依存症だと確信した。同時にアルコール依存の恐ろしさが身に染みて分かった。「アルコール依存患者の飲酒に対する渇望は想像以上に凄まじい」ものなのだと。

姉は第1子と第2子がヤンチャな男の子だったので第3子の可愛らしい娘を気に入っていたし可愛がってもいたが、お酒の前にはそんな気持ちも吹き飛んで、レストランに置き去りにし、何度ひっくり返されても立ち上がって爪を立て、私のジャケットの片腕をもぎとってでも、お酒を買いに行こうとするのである。ひっかかれた手の傷は今でも残っている。次の日に私は帰ったが、姉は「家の近所で大立ち回りを演じて救急車を呼んだ」ことに腹を立てて、姉の私に対する憎悪は強くなってしまい、表立って介入することが難しくなってしまった。しかも「ただお酒を買いに行く」という行動を四六時中、監視することなど不可能であり、また「買いに行く」と分かっていても、その度にこんな大立回りをする気力を持ち合わせている者などいない。母は年齢的にも体力的にも姉を止められることなど物理的に不可能だ。姉が多量にお酒を買ってきたり飲んだりすることを止めることはできず、なるべく「発作を起こさないでくれ」と祈るほかなかった。

姉が飲酒の発作を起こすパターンはだいたい決まっていた。姉は当時も今も仕事に対するモチベーションは高く、そして家事や育児も完璧にこなしたがっていた。家族でバーベキューや旅行に行くのも好きだった。が、忙しくなればなるほど、その全てがエスカレートしていく傾向にあった。第3者である私から見ると解決法は簡単に思えた。仕事は手を抜くなり時短にするなりして負担を減らし、家事については夫の協力や忙しい場合は義兄両親に手伝ってもらったり私の母に手伝いに来てもらったり。バーベキューや旅行に行くかわりに家で休んだり、手軽に店屋物や外食で済ませてしまったり。当然、母や義兄も姉にそういった提案もしたが姉は受け入れなかった。仕事も熱心であり、総じて仕事に対するモチベーションが高くない私にとっては、ある意味「見習わなければ」と思うほど意識が高かった。実際、結婚する前まではバリバリ仕事をしていたし仕事の成績も良かったようである。家事については周囲の協力を一切認めなかった。義兄両親への暴言以来、そこから協力を得ることは不可能だったし義兄が少し家事を手伝っても、細かいところで自分のやり方と合わず、気に入らないため義兄が出来るのはゴミ捨てくらいだった。義兄も「男は仕事、女は家庭」といった考えだったため簡単な食事を作る、といったことや洗濯、掃除といったことも苦手だった。母も手伝いに行った際は「義兄は何にも協力しない。姉の気持ちも分かる」と不満を私に漏らすこともあった。そして仕事、家のことと目が回るほど忙しい中で、更に過密スケジュールで旅行などを計画しては自分自身を追い込んでいった。そしてコップから水が溢れるように、自分のキャパシティーを超えると（週末に）多量にお酒を飲んで全てを放り出す、という発作が起きた。発作が起きて母が姉の元へ駆けつけた時、母から私に対処法についてどうしたらよいかアドバイスを求めることが多々あった。私は母に傾聴、つまり「姉が話すことをひたすら聞いて共感する」ということを指示していた。姉は「毎日毎日が忙しくて全てを投げ出したくなる。お酒を飲むと、そういうストレスから全て解放されるから飲むのだ」と話していた。

＊措置入院

精神保健福祉法で定められた、精神科病院への入院形態の一つ。入院しなければ自傷・他害のおそれのある場合、都道府県知事の権限で、強制的に入院させることができる。緊急時以外は、複数の指定医（精神科医）による判定が必要となる。

＊医療保護入院

精神保健福祉法で定められた、精神科病院への入院形態の一つ。精神保健指定医は入院が必要と判断しているにもかかわらず、本人が入院に同意しない場合、保護者の同意によって入院させること。

5　アルコール依存症との戦い

5・1　病識の欠如

大立回りの一件で明らかに「姉はアルコール依存症を発症している」ということが分かった。日々のイライラや生理前に発作を起こしやすくなることから別の精神疾患や月経前困難症を併発していた可能性はあるし、今でもそう思うが、少なくとも姉がアルコール依存症であることは確実だった。そしてこの問題の解決に大きく立ちはだかったのが「本人に病識がない」ということである。「病識」とは本人が病気であることを認識することである。これは昨今の高齢化に伴う認知症患者を取り巻く状況に似ている。高齢の認知症患者を介護したり、同居している家族がしばしば直面している問題である。「本人に病気である自覚がない」のである。自分が自覚していない以上、治しようがない。

少し話がそれるかもしれないが、この「本人に病識がない」という状況は、心理学用語でいうところの「メタ認知力」が欠如していることに他ならない。「メタ認知」とは狭義でいうと

「自分が分からないということを認識できる能力」のことである。これは様々な問題解決の場面において非常に有用となる。例えば「勉強ができる子、できない子」を比較すると「勉強できる子」はメタ認知力が高く、「勉強できない子」はメタ認知力が低い。「勉強できない子」に「どこが分からないか？」と尋ねると「分からないところが分からない」という回答が返ってきたりする。「どこが分からないか」が分からなければ教えるほうも教えようがなくなる。一方、勉強できる子は「自分が分からないところがどこか」を的確に認識しているため、参考書などで調べる箇所も明確であるし、質問も的を射ているため教えるほうも教えやすい。このメタ認知力を拡大解釈すると、「自分自身を客観的に見ることが出来るか」ということとなる。自分自身を客観的に見ることが出来ないと、トラブルを起こしやすくなるし、またこれは子供に限った話ではなく「誰にでも日常起こりうる」問題なのである。

例えば、*パワハラを繰り返す上司がいるとしよう。パワハラを繰り返す上司はたいていの場合、「自分がパワハラをしている」という自覚はない。意図的に「部下を追い込んでやろう」と思ってパワハラする人は、いるかもしれないが少数派である。たいていの場合は「そんなつもりじゃなかった。部下がそれほど追い込まれている、苦痛にしているとは気づかなかった」と言うに違いない。

「病識がない」患者や「自覚ないパワハラ上司」にしても、自分自身を客観的に見られないのが問題となるのであるが、逆に自分自身を100パーセント客観的に見られる人はほぼいない。完全に客観的に自分を見ることができたら、うつ病を発症するリスクが高くなるので、それはそれで良くない。つまり殆どの人は自分のことを過大評価する傾向にあるため、多かれ少なかれ「自分を客観的に見ることができない」ために失敗したり色々な問題を起こすことがある。ただ、多くの人は他人からの指摘によって間違いに気づき得るため、事が重大となる前に修正することが出来る。アルコール依存症や認知症の厄介なところは、ここである。他人の指摘に対して聞く耳を持たないどころか、逆に怒り出すケースも多い。高齢の親を持ち、自動車の運転を止めさせたい家族に立ちはだかる問題がここにある。家族は客観的に見て「認知機能が衰えており、運転すると危ない」と判断するが、本人は「病識がない」ので「自分が認知症だ」とは思わない。そして認知する機能が衰えているため、他人が指摘しても「客観的に見て、他人の指摘のほうが正しい」と判断することができない。家族はこのジレンマに陥り、歯がゆく思っているに違いない。

姉の場合も同様だった。そもそも自身が病気（少なくともアルコール依存症）だという認識が欠如しているため、当然ながら病院への受診や治療など必要ないと思っている。そして忙しい状況を更に忙しくして自分自身で追い込んでいってるのも自分で気づくことはないし、他人が指摘しても改善することはなかった。「仕事を時短にしたら」、「家事を義兄に手伝ってもらったら」、「発作が起こる前に連絡してくれたら母が手伝いに行くよ」、「週末に子供一人だけ連れて実家に帰ってきてゆっくりしたら」、「病院を受診して相談したら」と何度言ったことか。「病識がない」姉はアドバイスを受け入れることはなく、姉が「病識をもつ」ようになるのはずっとずっと先のことである。

一方、私は2年間の初期研修を終えて地元の病院で務めることとなった。母と同居はしなかったが30分くらいで実家に戻ることができ、独居かつ姉の問題を抱える母は「やっと近くに戻ってきて安心する」と話していた。姉は相変わらず自分自身を追い込んでは発作を起こす、といった状況を繰り返していたが、「お客様の立場である初期研修医」が終わり医師として忙しく勤務するようになった私が関東まで駆けつける、という状況は少なくなった。「仕事を休みたくない」という思いもあった。なにせストレートで医学部を卒業した人と比べると私は随分回り道をしたのである。同条件であれば、そりゃ年取った奴より若い人を優先する。姉の不調にせよ親の介護（幸い私の母は健康であるが）にせよ、自分が年を取ることによって起こってくる問題である。自分が年を取れば兄弟も親も年を取る。年を取れば自分がいくら健康でも身の回りにトラブルが増えていく。上司も聖人ではないので、いくら「姉のせい、親のせい」だとしても欠勤が増えれば私自身の評価につながってくる。「年取っているから欠勤も多く、体力がないヤツ」といったレッテルが貼られるのが嫌で、姉の体調不良を理由に休みたくなかった。

　地元での勤務が1年経った頃、母方の祖母の体調が悪くなってきた。祖母は田舎の山間部に母の妹（私から見ると叔母）家族と同居していた。叔母家族は在宅介護を選択したため叔母家族が祖母の介護を余儀なくされた。ヘルパーさんや訪問看護の方が頻繁に家を訪れて祖母の様子を見に来てくれていたため比較的恵まれていた在宅介護であったとは思うが、誰かは常に家で看ていないといけないため叔母も大変だったと思う。私の母も叔母に呼ばれて何度か手伝いに行った。祖母は母から見れば自分の母親にあたるので、祖母の介護を手伝いに行くことに何のためらいもなかった。しかし、我々には姉がアルコール依存症という問題を抱えていた。祖母の家は3時間、姉の家は5時間と遠い。叔母から母に「何月何日に手伝いに来て」と頼まれて了承するが、「姉の発作がまた起きた」と義兄から突然連絡が入る。私と母は叔母に姉がアルコール依存症であることを隠していたため、母は叔母に適当な言い訳を取り繕って関東の姉のもとへ駆けつける、といったことも数回あった。

　そうこうしているうちに祖母が亡くなった。私も孫として通夜・葬儀に参列した。姉も祖母の訃報を聞いて仕事後に関東から駆け付けた。姉は昔から祖母を慕っていたし、祖母も姉のことを「初孫」と言って、とても可愛がっていた。姉は昔から「おばあちゃんに（結婚式の）晴れ姿を見せたい」、「自分の子供を見せたい」と話していたし、実際、実現もできた。そんな姉が、祖母が亡くなったことについてショックを受けて悲しむことは想像に難くなかった。姉は通夜の日に我々とは一足遅れて葬儀場に着いた。最寄りの駅から葬儀場まで距離があるため、私は姉に「駅まで迎えに行く」と連絡していた。「来なくていい」。姉は不機嫌そうだった。祖母の死による悲しみとは異なる姉の不機嫌な様子に違和感を覚えた。大立ち回りの一件から姉が私に対して憎悪しているのは分かっていたが、「姉が慕っていた祖母が亡くなったのだから、いまは俺に対して不機嫌な態度を取る状況ではないだろう」と思った。結局、姉を駅まで迎えに行って葬儀場まで連れてきたが、姉は不機嫌だった。その後、従弟と私、姉で祖父母の思い出話をしているうち、姉は機嫌を少しずつ取り戻していった。今度は酒を飲み始め、ご機嫌で饒舌になってきた。私と母が叔母家族に対して「姉がアルコール依存であることを隠していた」ため、姉の様子がおかしいことを叔母家族はいぶかしげに思っていた。葬儀が終わり姉は関東に戻って私は普段の生活に戻ったが、姉にとって最愛の祖母の葬儀であっても飲酒を止められずにいることについて少なからずショックを受けた。私は「祖母の死によって姉がお酒を止めるのではないか」という期待を持っていたのかも知れない。過去の良かったことや楽しかった思い出さえも消し去ってしまうアルコールの怖さを改めて感じた。

＊パワハラ
　パワーハラスメントの略。例えば、職場の上司など権限を持つ者が、立場の弱い部下などに対して、権限（力）にものを言わせて無理難題を強要したり、人権の侵害にあたるような嫌がらせを繰り返し行うこと。

5・2　飲酒運転

祖母の葬儀が終わり姉は関東の自宅へ戻った。関東に戻ってから徐々に姉の発作の頻度が増えてきた。欠勤の頻度も増えてきており、会社も看過できない状況となっていた。当時、姉は仕事で社有車を使っていた。アルコールは少量飲んだとしても分解されるのに10時間以上必要とする。検問でひっかかるかどうか別として、夜12時に「睡眠薬代わり」と飲酒して午前7時に起きて車を運転すると、厳密にいえばお酒が体内に残った状況で運転することとなる。「そりゃ、こっちも急いでいるからイライラして凄い飛ばしながら運転することもあるよ」、と姉が話すことがあった。戦慄を覚えた。前述の大立回りのように大崩れしていなくとも、ほぼ毎晩飲酒していたし、飲む時間や量によっては朝にでもお酒が残って検問でも引っかかる可能性が出てきた。姉の社内ルールや詳しいことは分からないが、このご時世だと飲酒運転で捕まれば一発で会社を解雇、という可能性が高い。それ以前に飲酒していようがいまいが常時イライラしているような状況で運転していたら通学中の子供をはねてしまうこともある。「こんな状況で社有車を乗り回しているなんて」と私は焦ってきた。とても姉が「病識をもつまで待とう」なんて悠長に構えてられる余裕はなかった。

事実、飲んでいるか飲んでいないか定かでないが自宅の車庫入れの際に接触する、といった物損事故が起こってきていた。義兄も事態を重くみていて会社に掛け合い、社有車を取り上げるように訴えていた。会社も「今度事故を起こせば社有車を取り上げる」と姉に伝えていた。そうこうしているうちに姉が出勤するときに出合い頭で車対車の事故を起こした。相手の運転手がむち打ちとなったが、基本的には回復する範囲内の事故で済んだのは不幸中の幸いだった。さすがに姉もショックを受け、反省したようだった。私も義兄と頻繁に連絡を取り、何とか姉から社有車を取り上げるように訴え、それが認められて姉は社有車を使うことが出来なくなってしまった。が、社有車を取り上げられた姉は逆恨みして怒り狂っていた。祖母の葬儀のあと姉と私の関係は少しずつ改善しているかのようにみられたが、社有車を取り上げる画策に私が関与したことで、また関係が悪くなってしまった。正直言ってどうでもよかった。あの状況が続けば「飲酒運転で捕まって会社を解雇されるか、人をはねるか時間の問題」である。姉が怒り狂おうが何だろうが、何とかかんとか社有車を取り上げることが出来て良かったとしか思わなかった。

姉から社有車を取り上げた結果、時短は実現できなかったが、姉は車を使わない内勤に配置換えされた。姉が気に入っていた仕事から内勤に変えられたことで、また逆恨みを買った。姉はしばらく内勤の仕事を続けていたが、社有車が使えなくなったことで負担（子供の送り迎えや買い物）が更に増えたため、とうとう姉は休職することとなった（このときは何故か姉自身が休職を申し出ている）。期間限定とはいえ、仕事の負担がなくなり、家事・育児に専念できる状況となったため、少しは発作の頻度が減るのではないかと私と母は予想していた。

しかし、一旦アルコール依存症を発症してしまうと、多量飲酒の発作から容易に離脱することができない。また義兄から母へ連絡が入った。「姉が第３子を連れて義兄の車で出掛けた」。社有車を取り上げて以来、姉が事故を起こす可能性を減らしたとはいえ、自宅には義兄が使う自家用車があった。私としては姉に恨まれようがなんだろうが、飲酒して（飲酒していなくても）人身事故を起こすことだけは何としても防ぎたく、それを防ぐことが最優先事項だと思っていた。そのため母が関東に手伝いに行ったときは車のカギの保管について厳重に注意するよう伝えていた。義兄はその管理がずさんで、もしくは「飲酒運転で事故でも起こして早く捕まってほしい」と考えていたのか、容易に姉は自家用車を運転することができた。酒を飲んでいたのか現在となっては確かめようもないが（恐らく飲んでいたのだろう）、その日、姉は第３子を自家用車に乗せて車を運転しようとしていた。それに気づいた義兄が姉を制止するも、それを振り切って急発進。第３子を連れてどこかへ走り去ってしまった。

とうとう義兄の怒りも爆発した。警察に通報して姉を捜索し始めた。母は姉に電話したがつながらない。察するに姉は第３子を連れたうえで酒を買いに行ったと思われる。途中で飲むか、家に帰ってきて飲むかは分からないが、捕まれば恐らく飲酒運転となるだろう。そうすると会社からは解雇され、そして離婚と話は進むだろう。私は瞬時に理解した。私はすぐに義兄に電話した。義兄は第３子を連れて行ったことに対して怒りを爆発させており「もう終わりにしたい。姉が警察に捕まってほしいと思う。警察には状況を説明した。警察は捕まえる気満々で『姉が家に帰ってくるまで何時間でも自宅周囲で張り込みます』と話している」と。仕事と家庭と瞬時に失ってしまうことを恐れた私は義兄に対して警察を引き上げてもらうように頼んだ。しかし義兄の怒りは凄まじく、警察の引き上げには頑として応じなかった。私は姉にメールした。「いま警察が自宅周囲を張り込んでいる。明日朝までアルコールが抜けるまでコンビニの駐車場とかで待機して、それから自宅に戻るように」。奇跡的に姉から返事が返ってきた。「かしこまり！」。拍子抜けした。厳密に言えば私も姉の逃亡に手を貸したことになる。指摘したところで理解できるとは全く思わなかったが姉は「事の重大さ」について全く理解していないように思えた。姉は明朝自宅に戻った。飲酒運転で人をはねることなく、また警察に検挙されなかったのは今思い返しても奇跡としかいいようがない。

6　強制入院

6・1　自傷他害の恐れ

「姉が朝から飲んでいる」。いつもと同じように義兄から母へ連絡が来た。そしていつもと同じように母は激しく動揺して私に連絡してきた。私は冷静になって対処するよう伝えると、母は急いで準備して関東へ向かった。母が関東の姉のもとに着くと、姉はいつものように飲酒とネグレクトの状態だった。が、今回は少し様子が違った。姉は多量の飲酒により携帯を置いた場所が分からなくなっていた。それに対してイライラし始めていた。そして、何をきっかけにしたか分からないが姉は母に対して激しい怒りを見せた。そして突然、母に対して殴る、蹴るといった暴力を振るい始めたのだ。母を蹴り飛ばし、その勢いで押入れのふすまに穴が開いた。

母は白内障の手術から間もない左目をかばいながら、かろうじて家の外に出た。姉は家の外まで追いかけてきた。母は「助けて！」と叫び近所の人に助けを求めた。しかし、普段から姉の問題行動を近所の人が認識していたためか、聞こえなかっただけなのか、不在だったのか分

からないが、誰も出てこなかった。しかし、叫んだことで姉は家に逃げ戻ったため母は姉の暴力から難を逃れることができた。母は近所にあった店舗に飛び込み、事情を説明して、すぐさま１１０番通報した。ほどなくしてパトカーがサイレンを鳴らしてやってきた。警察は家に入ろうとしたが姉は内から鍵をかけて出てこようとしない。いわゆる籠城である。警察は母に「どこか鍵がかかってなくて家に踏み込める場所がないか」を尋ねた。母は警察に「２階のベランダのところの窓が開いている」と伝えると、遅れてきた消防隊がはしご車で２階のベランダから姉の自宅へ入り姉を拘束した。パトカーがサイレンを鳴らして急行し、消防隊がはしご車を連れて急行してきたのである。現場は騒然とした。拘束されると姉は大人しくパトカーに乗っていった。これまで何度も受け入れ先に断られ、我々は「受け入れ先がない」と言って途方に暮れていたのである。これはもう誰が見ても明らかに「自傷他害の恐れがある」状態だ。

姉は警察に連れられて精神科のある病院の閉鎖病棟に強制入院となった。「自傷他害の恐れがあり」、「本人が入院を拒否」、「親族の同意が得られ」、「二人以上の精神保護指定医が診察をして入院が必要と判断」し、色々と細かい規則の要件を満たし、姉は閉鎖病棟に入院となった。母はその日の夜、興奮冷めやらぬ様子で私に電話してきて、顛末を話してくれた。幸い骨折などはしておらず、打撲傷ですんだ。姉に蹴られた足が痛いと散々愚痴をこぼしていたが、私は母に「よくやった。ファインプレーだった」と褒めたたえた。これまで救急搬送しようとすれば「本人の同意がない」と言われ、精神科に受診させようとしても「アルコール依存症の患者が飲酒している場合は診られない」と言われ、入院させようとしても「自傷他害の恐れがないため強制入院させることは出来ない」と言われ、家族としては八方ふさがりの状況に追い込まれていたのである。母へのダメージは打撲傷と軽症ですみ、姉から「自傷他害の恐れがある」行為を引き出して強制入院という形をとれたので、母には申し訳ないが「よくやった」としか言いようがないのである。義兄家族にも一時の平穏が戻った。何しろ姉は「発作を起こしている、起こしていない」に関わらず、絶えずイライラとヒステリックな状態だったのである。甥っ子たちも暴力や暴言を受けたこともあるし、「姉は狂っている」とか「お酒をここに隠している」と幼い甥っ子たちが話してくれたくらいだから。

6・2　入院生活

強制入院後、姉は2日ほど独房のような部屋で過ごしていたそうである。私も医学部学生だった頃に見学したことがある。とても分厚い無機質なコンクリートの壁に覆われ、天井は高く、頑丈な扉に外からしか鍵がかけられない四畳半程度の部屋である。中にはトイレと洗面台とベッドはあるがその他、一切持ち込み禁止となっている。要は「自傷他害の恐れ」のある患者が入るため、自殺や脱走ができないようになっており、監視カメラにより外部から監視できるようになっている。精神疾患を持つ入院患者でも最重症の患者が入る部屋である。まさか自分の姉がこんな部屋に入院することなど思いもよらなかった。

学生の時にそのタイプの部屋を見学した際には「自分がこんな部屋に入院することになったら、たとえ精神が正常でも病気になるだろうな」と思ったものである。姉は2日ほど、このコンクリートで囲まれた独房で過ごしていたが、ほど

なく一般病棟へ移ったようである。一般病棟に移ってから、数回母が面会に行った。「タバコ買ってきて」。タバコの他、いくつか日用品を買いに行かされたようである。タバコなど買ったことのない母は、どの銘柄を買えばよいのかとまどいつつ無事にお使いを果たしたようである。母がスタッフに様子を尋ねると、「何回目の入院ですか」と聞かれ、「初めてです」と母が答えるとスタッフは驚いたようである。アルコール依存症の患者は何度も何度も入退院を繰り返すことが、この世界の常識みたいである。

姉は模範的な入院生活を送っていた。早く退院したかったのであろう。あまり精神科の閉鎖病棟について詳しく触れないが、なかなか凄まじい世界が繰り広げられている場所である。入ったことのある方なら承知していると思うが一種独特の雰囲気がある。姉が「早くこの場所を出たい」と思うのも無理はない。「いつ退院できますか？」。姉の関心は「いつこの環境から抜け出せるか」のみだった。姉は入院の間、真摯な取り組みを見せたため1か月半ほどすると退院の目処がついてきた。「退院前に試験外泊をしましょう」。外泊が許されて、久しぶりに自宅へと戻った。しかし、あろうことか姉は自宅へ帰る途中で酒を買いに行き、また多量に飲んで潰れてしまった。また義兄から母に連絡が入り、姉は精神科の病院に戻された。試験外泊失敗である。試験外泊中に酒を飲めば入院が延びるのは分かっているはずなのに、「まさか1日2日のこのタイミングで飲むはずないだろう」と高をくっていたが完全に予想を覆された。

案の定、入院期間は延びた。当たり前である。こっちとしても、母が（結果として）身体を張って必死の思いで入院までこぎつけたのである。入院期間中の試験外泊、たった1日も禁酒できないようであれば退院したところでうまくいくはずがない。完全に断酒できるようになってから退院してほしい、というのが我々の思いだった。

6・3　退院

結局、入院2か月過ぎで退院となった。退院の日は母が付き添った。わざわざ付き添いに行ったのに姉の機嫌は悪かった。退院後は近くのアルコール専門外来を行っているクリニックに紹介状を作成してもらい、姉はそこに通院することとなった。そこでは断酒補助薬（一般名：アカンプロサートカルシウム）を処方された。いわゆる「酒を飲みながら断酒できる」薬である。

アルコール依存症に対する薬物療法としては大きく断酒薬（一般名：ジスルフィラム・シアナミド）と前述の断酒補助薬がある。断酒薬は体内毒物であるアセトアルデヒドの分解を阻害する。簡単に言うと下戸（お酒が飲めない人）の体質にするのである。私も下戸なのでごく少量のお酒で、すぐに気分が悪くなる。よく「鍛えたらお酒に強くなるよ」と学生時代、社会人のときに言われたものだが、その根拠は全くない。本当にお酒が飲めない体質の人は、鍛えようが鍛えまいが飲めないものは飲めないのである。従って、強制的に下戸体質にする断酒薬を服用した場合にお酒を飲むと、毒素であるアルデヒドが分解できないため超絶に気分が悪くなる。きちんと内服していればアルコールを飲むことは不可能なため断酒することが可能となる。一方、断酒補助薬のほうは「飲酒したいという渇望」を抑える効果がある。長期間にわたり飲酒を続けていると脳の神経伝達物質のバランスが崩れる。言い換えると、「長期間の飲酒で脳内のホルモンバランスが崩れる」のである。ホルモンバランスが崩れることにより「飲酒への渇望」が強くなる。断酒補助薬は、このホルモンバランスを整える効果がある。「いついかなる、どんな場合でもお酒を飲みたい」という渇望を抑える効果がある。姉が治療を開始したのは、この断酒補助薬の内服だった。いずれにせよ、アルコール専門外来への受診の目処がつき、やっとのことでアルコール依存症に対する道筋がたったことで希望の光が見えてきた。

しかしながら安心したのも束の間、一筋の希望の光はかき消されてしまう。姉は一応、アルコール専門外来への受診はしていたようだが、以前と変わらず日々イライラはつのり、自分を追い込んではオーバーフローを起こして多量の飲酒をする。その度に「義兄から母へ連絡、母から私に連絡、母が急いで関東へ駆けつける」という状況に舞い戻った。義兄からは「入院する前よりひどくなっている気がする」と言われた。私や母、義兄も何とか漕ぎつけた入院や専門外来への受診という希望と安心感があったために、治療を始める前よりも悪化している現状に「打つ手なし」という絶望感が我々に広がった。「とりあえず子育てを義兄か義兄の両親に任せて数日だけでも実家に帰ってきては」、「実家に帰ってくるのが面倒なら近くのビジネスホテルにでも一人で泊まって息抜きしたら」、「一番手のかからない第3子だけ連れて少しの間実家で休んだら」といったオーバーフローを起こさないためのアイデアやアドバイスをした。が、姉がそういったアドバイスを受け入れることはなかった。

7　別居、そして離婚

7・1　家庭崩壊

　とうとう義兄と私の間での電話も次第に離婚の話が出るようになり深刻さが増していった。

「もう限界です。離婚しかない」と義兄が言ってくるようになった。私は離婚に反対した。義兄の両親は子供の面倒や家事を積極的にするタイプではなかったので、すぐに育児や家事が行き詰まることが目に見えた。また、10年後や20年後にはマイホームのローンや義兄の両親の介護、養育費（教育費）が家計を押しつぶす。姉一人が悪者のようになっているが、姉が現在の生活水準を維持するのに貢献しているのは明らかだった。「お金のことなんてどうでもいい。飲酒して子供たちに暴言やネグレクトするのを見ていられない」と義兄は言った。姉の現在の状況に問題があるのは明らかだが、姉はワンオペで孤軍奮闘してきたのだ。そもそも姉がアルコールに走る要因となったのは義兄の協力不足、計画性のなさや、問題があればすぐに私の家族に連絡して「問題を丸投げ」するといった「問題解決能力の低さ」にあることも気づいていた。私は反論した。「いまの状況から単に逃げ出したい、というだけで問題は解決しない。将来のことを冷静に考えれば、お金なんてどうでもいいわけがない。マイホームのローン、両親の介護費、子供三人が大学に進学して下宿費用などが必要になれば確実に財政は破綻するじゃないか」と。それでも義兄は「お金のことはどうでもいい」と譲らなかった。

私の父が亡くなったせいか、私と母の立場は弱くなっていた。姉がアルコール依存になったのは「母の育て方のせい」とも言われんばかりだった。本来、自分の姉の夫婦喧嘩など「犬も食わぬ」である。当人同士が勝手に喧嘩して勝手に仲直りするなど離婚するなどしてくれればよい。しかし、姉はアルコール依存症という難題を抱えているため、家族としてそう簡単に受け入れられるわけでもなかった。

姉が離婚して職を失い、私と母が姉の介護をして、さらに姉に生活費を渡す、という状況も想像できた。私は義兄に言った。「あとで言った、言わないになるのは目に見えている。お金のことなんてどうでもいいと言うのであれば、文章できちんと約束してくれ」と。売り言葉に買い言葉で義兄は承諾した。私の携帯に「三人の親権は私（義兄）が持ちます。養育費や慰謝料、住宅ローンについては一切姉から請求しません」と送ってきた。この確約があれば離婚したとしても姉がアルコール依存症から離脱した際には、金銭的な面で大きく助かることになるだろうと、せめてもの親心（弟心）のつもりだった。続けて私は畳み掛けた。「私も弟として結婚式には参列した。その場で神父の問いかけに対して『病めるときも健やかなる時も共に歩み』と誓ったじゃないですか。現在の姉は明らかにアルコール依存症という病に侵されているだけで、治れば普段の姉が戻ってくるし、病んでいる今こそ共に歩むことが必要なはずで、その時に投げ出すのか。あの誓いは嘘なのか」と。結婚式に何の法的拘束力はなく、デモンストレーションなのは私も承知している。しかしアルコール依存症というれっきとした病に侵されている中で「困ったら私と私の母に丸投げ」という姿勢（というように見えた）に正直腹が立ったし、そう言ったのだった。「そんなことを持ち出しますか？　こっちは十分我慢したのですよ」義兄は答えた。いまこうやって当時のことを思い出しながら書いていると腹がたってくる部分もあるし、姉のことについて母と喧嘩することも多くあった。

冷静になって考えると、これもアルコール依存症がもたらす負の遺産ではないだろうか。基本的に私は一人暮らしをしているわけで姉家族や母とも毎日顔を合わす間柄ではない。しかしながら少なくとも「義兄と姉」、「義兄両親と姉」、「義兄両親と義兄」、「義兄と母」、「義兄と私」、「姉と母」、「姉と私」、「母と私」のこの間に一触即発の険悪なムードを作り出しているのである。本来なら「義兄と私」の関係など、年に数回会うか会わないか程度なので揉めるにも揉めようがないような間柄である。アルコール依存症はそれ自体、克服が非常に困難である。が、本人への治療が難しいだけにとどまらず、問題行動によって周囲に迷惑をかけ散らすため憎悪が憎悪を呼んで文字どおり「家族をバラバラにする」のである。

その後も姉は反省の様子を見せることなく発作の頻度が増えた。というより、まともな日が殆どなくなってきた。父が亡くなってから4年後の年末、とうとう義兄から姉に一人で実家に戻るよう伝えられた。

7・2 別居

実家に戻ってきた姉は不機嫌ながら、悪いなりにそこそこ安定していた。義兄との取り決めでしばらく離婚はせず、別居という形を取った。実家は郊外の新興住宅地にある一軒家で、やや交通の便が悪い場所にある。母は自動車の免許がないためバスやタクシーを利用している。私は30分くらいで実家に戻れるところで一人暮らししているため、週3~4回程度の割合で実家に帰っていた。独居の母の様子を見に行けるのと、「食事は一人分作るのも二人分作るのも一緒」と母が話しているため夕食を食べに帰っていた。そこに姉が戻ってきた。姉の機嫌はそんなに良くなかったが、姉が戻ってきたことを私は素直に喜んだ。姉は休職中だったため、ずっと家に引きこもっていた。そして1日中テレビを見ていた。後々姉は「人生で一番辛い1年だった」と話していた。離婚や仕事のことについてどうなっているのか分からなかったが、姉は話したがらなかったため根ほり葉ほり聞くのは控えた。母と姉と三人で寿司を食べに行くこともあった。そのときも酒を飲むことはなく、「ウニが食べたい」と言ったのでコースとは別にウニを頼んだ。料理は満足できる内容で、姉も母も「美味しかった。また来よう」と言って喜んでいた。

姉は半年ほど多量飲酒による発作を起こすことはなかった。しかし、離婚の話は着々と進んでいるようだった。義兄が弁護士に相談して離婚を進めているようだった。姉に離婚したいのか尋ねた。「離婚したくない。関東に戻りたい。これまでと変わらない生活を送りたい」と言った。「そう思うなら戻れるように働きかけたら？」と話したが、「離婚したくないが避けられない」と姉は言った。「離婚したくない」と言いつつも、復縁にあまり気が乗らないようにも見えた。ある日、「関東の義兄宅に必要なものを取りに行く」と言って出掛けた。また義兄から母に連絡が入り、「多量に飲酒して潰れている」と。「禁酒に向けて頑張っていると聞いて、離婚するかに迷いがあったが、今回また飲酒したのを見て、その可能性は消えた」と義兄は言った。

今回、姉が実家に戻ってきたのは「別居の期間を設ける」ということだったので、裏で弁護士と相談して離婚の話を進めていたのには納得いかなかった。またあれほど「お金はどうでもいい」と言って文章で確約したのにも関わらず養育費やローンについて姉に要求してきたようである。姉に確認をとっていないため詳細は分からないが、結局のところ「義兄は計画性がない」のだと私は思った。「夫婦喧嘩は犬も食わぬ」なので弟である私が深入りすることではないが、姉と義兄、双方に問題があったのであろう。行動だけを見ると多量の飲酒により様々な問題行動を引き起こした姉が悪いようにも見えるが、アルコール依存症は薬物依存の一種であり、それは誰にでも発症する可能性がある。姉はワンオペで頑張っていて、また頑張りすぎたせいでアルコール依存症となってしまった。かかる病気が悪かったというか、精神的にも肉体的にも姉が払う代償は大きかった。

　私は義兄に「義兄がよく我慢してくれたのは感謝している。しかし、姉は頑張りすぎたから病気になったのであり、姉も犠牲者である。私と母が姉をなんとかアルコール依存症から離脱させるように努力する。そのため3年間、時間がほしい。戸籍上、離婚するのは急がなくてもよいのではないか。いまの別居している状態だと義兄と子供たちに姉の飲酒による悪影響を及ぼすことはないし、別居の状態で私と母が姉の病気を克服するよう努めるため、それが失敗するようであればそのとき正式に戸籍上の離婚すればよいのではないか」と話したが、義兄は「一度、戸籍上も離婚という形を取り、復縁したければそのときにまた考えればよい」と譲らなかった。

　私は次の格言を思い出さずにはいられなかった。「人間は判断力の欠如によって結婚し、忍耐力の欠如によって離婚し、記憶力の欠如によって再婚する」。

8　CRAFTとの出会い

8・1　実家での生活

実家でしばらく（悪いなりに）安定していた姉であったが、またしても大量のお酒を飲む発作を起こすようになった。今度は母のストレスが溜まりはじめた。私は同居しているわけではないので、週に4回程度、夕食時に実家に帰って姉と顔を会わせることがあるが、姉が飲んでいようが飲んでいまいが顔を見るだけで安心するというか、全く気にならない。しかし、母はそういうわけにはいかなかった。姉が戻ってくるまで、母は父を失って寂しい思いをしているとはいえ、自身の生活リズムや趣味をたしなんでいたため平穏な日々を暮していた。その平穏な日々に姉は転がり込んできたのである。姉は常に不機嫌な様子で、突っかかるような喧嘩腰の対応を母に取っていた。リビングを陣取って動かず、笑顔を見せることなく1日中テレビを見ていた。そして時折、大量の飲酒で潰れるのである。その度にまた母から私に連絡が来るようになった。とは言っても以前のことを考えると、発作の度に急に「手伝いに来い」と言われて関東まで5時間以上かけて駆けつけていたのである。そのことを考えると、たとえ多量飲酒して家の中で潰れていても、関東まで駆けつける必要もなく、ただ転がしておけばいいだけなので放っておけばよいと何度も母に説明した。

母は（姉も、だが。血は争えないものである）基本的に過干渉であり余計な詮索をしたがる。余計な心配の種をわざわざ自分で見つけにいっては「心配だ。心配だ」と騒ぎ立てる。典型的な自業自得というか「自滅」である。ただでさえ忙しいのに更に自分で忙しくさせて自滅する姉とよく似ている。姉の部屋を詮索しては「ワインが何本、ウイスキーが何本、クローゼットに入っている」とか余計な心配をしていた。買いに行くことや飲むことを止めることは出来ないので、知ったところでどうしようもないのである。そもそも別居していたらそんなことまで把握できないので気にも留めないはずである。しかし、同居した途端、余計な詮索をし始める。

「誰と何処に何をしに出掛ける？」、「誰と電話しているか？」、「何時に帰ってくるのか？」等々。姉もいい歳して大人なのだから放っておけばよい。私が母と同居しないのも、多かれ少なかれこういった詮索されるのが面倒だからである。「姉が別居しているときに気に留めなかったことについては、同居したとしても詮索するな」と母に言った。そんな詮索をしてもお互いストレスになるだけだとしか思わなかった。事実、母はノイローゼのようになっていった。

「そんなにストレスなら俺がアパートの一室を借りるからそこに住めばいい」とか「顔を合わ

せばストレスになるのは分かっているのだから昼間に近くの図書館に行って読書でもして息抜きすればいい」とか提案したが、母は「なんで姉ではなく私が出ていかないといけないのか」とか言って行動を変えようとしなかった。思えば関東にいるときの姉と同じ思考パターンである。血は争えない。関東にいるときの姉は育児、家事、仕事で自分の扱えるキャパシティーを超えそうになっていたため、周囲が提案するアドバイスを受け入れて負担を減らすように行動を変えるべきだった。母も姉といると精神的に追い詰められるのであれば、考え方と行動を変えて負担を減らせばよい。母は私と同じく下戸であるためアルコール依存症とはならないが、お酒が飲めるのであれば姉と同様にアルコール依存症を発症したかもしれない。

いずれにしても私としては姉との同居により母がストレスを溜め込み、精神に異常をきたすのは避けたかった。アルコール依存症でないにせよ、母が何らかの精神疾患を発症したとすると、私は身内に二人の精神疾患患者を抱えることとなる。そんな事態になればとうとう私自身のキャパシティーも超えてしまうかもしれない。三人仲良く精神疾患を発症したら、それこそゲームオーバーだ。そんな事態は考えたくもない。幸い母は精神疾患を発症するまでには至らなかった。母は基本的にネガティブ思考が強く「ストレスがストレス」を呼ぶような自滅型であるが、タフなのかキャパシティーが大きいのかよく分からないが破綻しない。どういった精神構造をしているのか理解に苦しむが、何はともあれ心身ともに丈夫である。

そんな中、姉は地元で仕事を再開し始めた。交通の便が良くないため早起きを余儀なくされたが仕方なかった。姉の仕事が始まると、平日の日中は母が姉と顔を会わせることがなくなるので気が少し楽になった。割と規則正しい生活を送っていたように思う。私は週に3〜4回程度、実家に帰って夕食を食べて、また一人暮らしのアパートに戻る、という生活をしていたが、実家に帰る時間は遅く姉は自分の部屋で就寝（私と顔を会わせたくなかったのもあると思う）していたため、全くストレスに感じなかった。母のストレスも軽減されたのであるが多量飲酒の発作はしばしば起こっていたため、その度に動揺して私に連絡が入り、私は母に対処方法を指示するということが起こっていた。アルコール依存症患者の飲酒スタイルは様々であるが、同居する家族にとっては大きなストレスとなる。

実家に戻ってきてからの姉の飲酒による発作スタイルはこうだった。平日は全く飲酒せずに金曜もしくは土曜の週末に発作が始まる。自分の部屋にこもり、ワインもしくはウイスキーを多量に飲みだして潰れる。食事を摂ることはなく、心配した私や母が促すと水分やビタミン飲料を飲む。アルコール依存患者が食事を摂らず多量に飲酒するとビタミンB1欠乏によりウェルニッケ脳症（簡単に言うと運動失調）や、記銘力（新たに記憶する力）が低下するコルサコフ症候群を引き起こすことは医療界で広く知られている。なので「焼け石に水」かもしれないが、姉が多量飲酒して潰れたときにはビタミン飲料を飲むように促していた。話を戻すと、姉が多量飲酒により潰れたときは自分の部屋でほぼ「寝たきり」の状態になっていることが多かった。失禁することもあったが、姉の場合、暴言や暴力といった攻撃性を見せることは殆どなかった。そしてその状態が2日間ほど続くと飲酒を止めて（続くこともある）徐々に回復していく。調子の良いときは土日のみ潰れて週明けには何事もなかったかのように出勤することもあった。中くらいの崩れ方だと、週明けに会社に連絡を入れて「体調不良」で欠勤、大崩れすると無断欠勤してまるまる1週間休んでしまう、といった感じだった。大崩れしても、全く飲まない日が数日続いて何とか立て直すことができた。

しかしながら母にとって最大のストレスは、この大崩れしたときである。週末に入り、発作が始まったときは大して問題とはならない。飲んで潰れるだけなので、水やビタミンでも飲ませて転がしておけばよいのである。問題は離脱期である。なにせ多量に飲酒するため、十二分にワインやウイスキーを買い込んでいても足りなくなる。完全に潰れていると、「寝たきり」状態となるため、ある意味楽なのであるが、少し回復して動けるようになると昼夜問わず酒を買いに行く。性質の悪いことに、この段階だと姉は記憶を飛ばしている。先述の通り実家からコンビニやスーパーまでは、坂道を5分程度下っていくため無事に酒を買えたとしても、また坂道を登ってこないといけないのである。しかも、酒を買った直後に飲んでしまって（状況証拠であるが。大体、姉が酒を買いに行くのについていったことがない）道端で倒れていたりする。冬の寒い中に薄着で買いに行ったり、アスファルトの道を裸足で出掛けたりする。本当に信じられない行動に出るわけなのだが、本人も記憶を飛ばしていて「覚えがない」わけなので仕方がない。不幸中の幸いなのは、社有車はとうの昔に取り上げられており、また母に運転免許がないため実家に車を置いていない。自動車を運転しないだけマシである。被害者となることはあっても加害者となることはない。

そうやって酒を買ってきて家でまた飲むのであるが、母にとってのストレスはここからがピークとなる。ある程度、多量飲酒の期間が過ぎると全く飲まない期間に入るのだが、ここの離脱期間が姉にとっても母にとっても想像を絶する苦痛である。この期間、体中に溜まっている毒素が簡単には抜けないのである。私はそういう状態になったことがないので想像でしかないが、傍から見ているとこの期間の姉は悶絶の苦しみである。私は下戸なのでお酒は殆ど飲まないが、付き合いなどで調子に乗って飲んだ後、「頭痛」、「動悸」、「吐き気」、「気分不良」といった症状に襲われるが、それを何倍かにしたような印象を受ける。「嘔《おう》気《き》はあるが吐けない」という感じで多量に水を飲んではトイレに行き、自分で手を突っ込んで嘔吐する、を繰り返し、顔面蒼白、汗びっしょりとなる。水を飲むときも上肢（両腕）にケイレンが起こり、なかなか上手く飲むことができない。足の裏にムズムズした感覚を覚え、また気分不良もあるため、それを紛らわすために家の中を行ったり来たり、歩き回る。これが母にとってストレスなのである。

リビングから台所まで何度も何度も行ったり来たり。階段を昇ったり降りたり、を繰り返すこともあった。そして多量の水を飲み、トイレに行ってオエーッ。この状態を「気にするな」と言うほうが難しいかもしれない。また、毒素が分解されきっていない離脱期間は姉から睡眠を奪う。「夜に色々なことを考えると眠ることができない。飲酒する一番の理由は眠るため」と調子の良いときに姉は話していた。確かに睡眠導入薬代わりに飲酒が習慣化してアルコール依存症となる患者も多いので、その気持ちも分からなくはない。が、多量の飲酒により結果的には睡眠を姉から奪ってしまうのである。発作が起きてからの数日は、飲酒により眠れなくなり、眠るために更に多量の酒を必要とする、といった悪循環に陥っていた。本人が眠れないのは勝手だが、同居している母にとってみれば、いい迷惑である。姉は眠ることができず、また不快感が強いため、昼夜を問わずパタパタとリビングを行ったり来たり、階段を昇ったり降りたり、トイレに行ってオエーッ、挙句の果てに色んなものにぶつかって大きな物音を立てる。こんな状態の人と一緒に暮らしていたら気が狂ってしまう、と思った。

8・2　病院への受診

私もただ手をこまねいて傍観しているだけではなかった。まずは地元の医療機関を調べた。話はそれるが、姉が関東にいた時ももちろん医療機関への受診を姉に促していた。強制入院となる前までは一般的な心療内科（精神科）クリニックに姉は受診していた。飲酒の問題が増えてくるにつれて義兄から母、医師である私へと連絡が来ていたわけだが、「餅は餅屋」だと思い、私がその心療内科の先生に相談することもあった。私も医師であるが、正直関東で姉が受診していた心療内科の医師の態度はどうかと思う。いま思い返しても腹が立つし、姉がアルコール依存症を見事に克服した暁には訴えたいとも思う。医師の間の不文律として「医師が他の医師を批判することは許されない」というものがある。これをしだすと泥仕合になるのは目に見えているので無用なトラブルを避ける意味でも合理的と言える。「後医は名医」という言葉の通り、患者視点から言うとたいていの場合、「後で診てくれた医師が名医」となる。何故なら、前医で診た情報が既にあり、また時間の経過により症状や検査値が顕在化するため診断が容易となることが多いからである。従って、前医を安易に批判することは厳に慎まなければならない。とは言っても限度がある。

姉が関東で通っていた心療内科の医師は、我々の問い合わせに対して「（多量飲酒の）発作が起きても回復するでしょう？　軽症です」、「患者の個人情報になるのでお答えできません」を繰り返すだけだった。後述することになるが、アルコール依存症の患者に対して「家族の支援」は重要な意味を持つ。またアルコール依存症患者を持つ家族が「どんな地獄にさらされて疲弊し切り、暗闇の中から抜け出せずいるか」、精神科の医師であれば当然知っているはずである。その心療内科の先生やスタッフにも言い分はあるかもしれないが、患者の個人情報、守秘義務を盾に姉と我々家族を分断した罪は重い。

百歩譲って患者のことについて一切我々に伝えることなく、家族の支援が不要だとしても「すぐに回復するから軽症です」も明らかにおかしい。例えば、救急医療現場で「希死念慮《きしねんりょ》」、つまり「死にたい」といった内容をほのめかした場合、その意志が明らかに否定されるまで帰宅させてはいけない。「もののはずみで」亡くなってしまうことがあるからである。本人が（生きていれば、だが）、「本気で死ぬつもりはなかった」と言ったとしても後の祭りである。そういった「自傷他害の恐れ」をもたらすような疾患を扱う場合は「対応を慎重にすべき」なはずである。姉の場合は「取り繕う」のが上手だったため、心療内科を受診しているときの見た目は普通であり、「お酒を飲んでない」と嘘の申告をしている。家族からの情報がない限り、飲酒によりどの程度仕事や家庭に影響を及ぼしているか医師は把握できない。しかも幼い子供が三人もいる状況であるので、厚生労働省のホームページに記載ある通り「子供への虐待、ネグレクト」についても注意が必要なはずである。本人だけの言葉を鵜呑みにして（というか、鵜呑みにせざるを得ない状況を作り出して）家族からの情報を拒絶し、こういった「自傷他害の恐れ、や子供への虐待」の可能性を考えないとか精神科医としてあり得ない。

しかも「軽症です」と言われた直後に、母に暴行を働き、「自傷他害の恐れがある」として頑丈なコンクリートに囲まれ、内側から鍵の開かない頑丈な扉で管理された独房のような閉鎖病棟へ強制入院となっているのである。最重症な精神疾患患者が入る部屋に強制入院とまでなっているのに、どこが「軽症です」なのか。そして、何よりも腹が立つのは「アルコール外来専門機関」へ紹介しなかったことである。その心療内科は駅前に構えたクリニックで自身のＱＯＬを優先している医師が診察しているのだろう。あまり悪口を言うと「天に唾吐き」となってしまう（自分も医師である。他人のことをとやかく言える身分ではない）が、私が言いたいのは「自分が診察できる範囲を超えるのであれば、しかるべき医療機関に紹介しろ」ということである。別にお金儲けだろうが、自身のＱＯＬを重視しようが構わない。が、アルコール依存症の治療は非常に難しく、断酒薬や断酒補助薬を処方できるのもアルコール専門外来を標榜しているクリニックや病院に限られる。「自分にやる気も知識もなく、患者を治す気もないのだったら、さっさと自分の手から離せ」と言いたい。いたずらに無駄な時間を費やしてしまったせいで、母は姉から暴行を受け、姉自身もアルコールの迷宮から抜け出せず独房のような閉鎖病棟に放り込まれ、心身ともにダメージを受けているのだから。

姉が地元に戻ってきてからの話をするつもりだったが、関東のクリニックのことを思い出すとあまりに腹が立つため話がそれてしまった。とりあえずアルコール専門外来を標榜するクリニック、病院を調べた。実家から30分程度のところにアルコール専門外来を標榜する木村病院を見つけた。それを姉に教えて受診するよう促した。姉は実家に戻ってきた際、効果はなかったが断酒補助薬を内服しており、その薬の継続やその他の内服薬の調整が必要だと思ったからである。当然のことながら「病識がない」姉は受診を拒否した。それでも実家に戻ってきて半年程度は大発作を起こすことが少なかったため、それ以上口うるさく促すことはしなかった。ちょうどその頃に姉は1回、私が促した木村病院を受診した。仕事に復帰するための診断書を書いてもらうために受診したようである。恐らく無事に診断書を書いてもらい、姉は地元の職場に復帰することができた。その後、それほど頻度は多くないが週末に発作を起こして実家で廃人のようになり無断欠勤をするようになったのは先述の通りである。

姉の多量飲酒による発作の頻度が少しずつ増えてきて、たまりかねた母から泣きつかれたため、私は姉が診断書をもらいにいった木村病院に電話してアドバイスを請うた。私ではなく私の姉がアルコール依存症を発症しており困っている旨、伝えると山田さんというスタッフが対応してくれた。電話に出るなり「お姉さんがアルコール依存症なのですね。家族はこれまで大変な思いをされてきたでしょう」とねぎらいの言葉をかけてもらった。予想外の言葉に「ん？」となった。これまで数々の場面で門前払い、塩対応を受けてきたのである。「本人の同意がないと救急搬送は出来ません」、「本人を連れてこないと話は聞けません」、「自傷他害の恐れがないため入院できません」、「アルコール依存症の方が飲酒している場合は診察できません」、「患者の個人情報なのでお答えできません」等々。どれも合理的な規則があるため仕方がないのであるが（関東のクリニックの対応は別）、受け皿の無さ加減に辟易していたところである。

「ここの木村病院は信用がおける」と私は思った。そう感じた私は山田さんにこれまでの経緯を伝えた。「関東で義兄と子供二人で暮らしていたこと」、「ワンオペと仕事に対する熱意から自分の能力の限界を超えてしまいアルコールに走ってしまったこと」、「飲酒により仕事に支障をきたしていること」、「現時点、姉に病識がないこと」、「母に暴力をふるったため『自傷他害の恐れがある』として強制入院になったこと」、「現在、離婚の危機に立たされていて別居を余儀なくされ、姉一人で実家に戻ってきていること」等、伝えた。山田さんは言葉を選びながらアドバイスをくれた。「やはり、本人が受診することは必要です。ただ、そういったアルコール依存症患者を持つ家族を対象とした『ＣＲＡＦＴ』というプログラムがあるため、そちらに私と母で参加してみてはどうでしょうか。多量飲酒の発作により差し迫った危機や対応に困る場合はいつでも連絡してください」と。

山田さんの言葉に救われた気がした。結局のところ「アルコール依存症の患者本人が受診すること」が必要なのであり、これまで受診した数々のクリニックや病院でも言われ続けてきた。そんなことは言われなくても重々承知している。が、本人に「病識がない」ため受診に漕ぎつけることができない。山田さんの発言はこれまで受診した数々の病院とは異なっていた。本人の受診が必要なことに変わりないが、家族に向けて「ＣＲＡＦＴ」と、発作が起きた場合の対応について助言してくれたのである。これまで「本人の受診が無理」↓「打つ手なしで路頭に迷う」となっていたのが、「本人の受診が無理」でも「家族としてできること」を示してくれたのである。これまでこういったアドバイスが受けられなかったために家族は「打つ手なし」と八方ふさがりの状況に追い込まれていたのだと思った。

これまで触れていなかったが、日本でアルコールほど特殊な薬物はない。日本は基本的に薬物に対して異常に厳しい。私は音楽鑑賞が趣味で、高校の時から海外のロックを好んで聞いている。海外、特に米国のロックなど薬物が産み出しているのではないかと思うほど、アーティストで薬物を使用していることは多い。そしてオーバードラッグによって早死にすることで更にカリスマ性を持つ、といったことさえ多々ある。当然のことながら違法な薬物は禁止されているが、ビジネス上の契約さえ守られていれば社会から大きくバッシングを受けたりしない。多くのハリウッドスターを見れば明らかである。一方、日本の場合、一度違法な薬物使用が明るみになると社会から締め出されてしまい、仮に薬物依存を克服できたとしても社会復帰は難しい上に、これまでの仕事の成果もなかったことにされる（海外の俳優や著者、アーティストの作品については規制がかからないのは不思議である）。ダルビッシュ投手が問題を指摘している通りである。

一方、同じ薬物であっても合法となっているアルコールに関しては野放し状態である。アルコールのＣＭは流したい放題だし、ご当地グルメの脂っこい食べ物を紹介してはビールで流し込む、塩っ辛い食べ物を紹介しては日本酒を飲み干す、といった具合。コンビニでもスーパーでも手軽に手に入るので24時間、３６５日、アルコールを入手することが可能である。その現状について不満を漏らすわけではないが、「国がアルコールを野放しにするのであれば、せめて受け皿を用意しておいてくれ」と思うのである。アルコールは薬物であるため、ある一定の割合で依存症となる患者が出てきてしまう。これは致し方ないことだが、その患者と家族に対する受け皿が貧弱なのである。各機関が規則に則って「飲酒しているアルコール依存患者は診ない」、「本人の同意がなければ救急搬送できない」、「強制入院の適応がない」、「個人情報なので家族であっても教えることはできない」等、家族は門前払いをくらうが、「その規則を作っているのはアルコールを野放しにしている国なのだから、家族や被害者が相談できる道筋を作れ」と言いたい。門前払いするのはよいが、「この場合はここの相談窓口に連絡してください」というような仕組みがあれば救われる家族もいるはずである。インターネットで散々調べた挙句に、片っ端から電話を入れたが全て「規則に則って」断られて途方に暮れる、といった状況を何回繰り返したことか。

これまで何度もこうした「八方ふさがり」の状況に陥っていたため、山田さんの言葉で私は大きく救われた気になったのである。何より、アルコール依存症となった姉に対して「医師を含めた木村病院スタッフと我々家族で力を合わせて問題を解決していきましょう」という意志が感じ取れたのである。私は暗闇の中、一筋の光明が見えた気がして喜び、そのことを母にも伝えた。もちろんアルコール依存症をたやすく克服できるなどとは思ってないし、そもそも米国などでは「不治の病」という扱いとなっていることや、アルコール依存症患者の平均的な寿命が50歳台であることも認識していた。「姉の自発的な受診」もできていない時点でスタートラインにすら立てていない。それでも発作が起こるたびに激しく動揺して私に電話をしてくる母に対して、対応方法についてプロからのアドバイスを受けられるだけでも「大きな心の支えとなる」と思った。

8・3　CRAFTとの出会い

まずは山田さんに勧められた「ＣＲＡＦＴ」の本をインターネットで探し、ポチッとクリックした。ＣＲＡＦＴの本が家に届くと重要な個所にラインを引き、一気に読破して母にも読んでもらった。身内にアルコール依存患者を持ち（「アルコール依存」に限定しているわけではない。ギャンブル依存、アルコール以外の薬物依存にも対応している。本書の内容上、アルコール依存症に対するものとして書き進める）、暗中模索が続いている家族は一読する価値はあると思う。

ここでＣＲＡＦＴの内容を簡単に紹介しておく。ＣＲＡＦＴはアルコール依存症患者に向けてではなく、その家族に向けて書かれており、最終目標は「アルコール依存症本人が病院を自発的に受診すること」と「身内にアルコール依存症患者を持つ家族が自身の人生を幸せに送れるようになること」としている。家族はアルコール依存症の本人に「どういったコミュニケーションを取ればよいか」、「どういった行動を止め、どういった行動をとればよいか」が書かれている。まず、コミュニケーションの取り方として「命令形を止め、『私は～』を主語にした言い方をする」ことが推奨されている。つまり「酒を飲むな」ではなく、「『私は』あなたが酒を飲む姿を見るのが嫌だ」といった言い方に変えるのである。「私は～」の言い方を便宜上

「アイメッセージ」と呼ぶ。英語の場合だと、「I think～（私は～と思う）」とか「I want～（私は～して欲しい）」というように「I」から始まる言い方なので「アイメッセージ」である。日本語の場合、主語を省略して話すことなので、意識しないとアイメッセージを使っているようで命令形になっていたりする。アイメッセージを使うことにより以下の二つの効果が得られる。

「命令形（～すべき。～したほうがよい）」は上から目線なのである。自分のほうが立場は上で、見下すような形で話をすることになる。結果、反発を生むだけにしかならず、内容が本人に伝わらない。

「私は～」と言うことにより、「あなた（アルコール依存患者）」の行動を制限しない。「私が～と思う」だけであって、「あなた」がどう受け止めるかは本人にゆだねられることになる。つまり、相手の意志を尊重して相手の領域にズカズカと入っていかない姿勢を示すことができる。

　この結果、「酒を飲むな」とか「子供の面倒をみろ」といった命令形よりも相手に響くし、相手の行動が変わっていく可能性が高くなる。まるでイソップの寓話「北風と太陽」みたいな話である。旅人の上着を脱がすために、北風が無理やり脱がそうと風を吹きつけるより、太陽が照りつけることで旅人自ら上着を脱ぐ、といった感じに近いと思う。他、命令とは少し異なるが「交渉」のような形も効果がない。例えば、「もし3か月飲酒を止めることが出来たら、社有車を戻してもらうように会社に頼む」といったような言い方である。もともとアルコール依存症の患者は近視眼的な考え方しかできなくなっているため長期的な視点で立ったときの利点を説いても無駄である。

心理学のテストで有名な「マシュマロテスト」というのがある。３歳児にマシュマロを見せ、「今すぐなら１個のマシュマロをあげる」が「３分間我慢できたら３個マシュマロをあげる」と。「今すぐ１個のマシュマロを食べた群」と「３分間我慢して３個のマシュマロを食べられた群」を追跡調査すると、「３分間我慢した群」のほうが社会的に成功する人が多かった、という結果だった。アルコール依存症の患者はこのテストに例えると、アルコールに限らずすべての事柄に於いて「今すぐ１個のマシュマロを食べる」ような考え方になっている。従って「３か月飲酒を我慢したら、〜」といった交渉（negotiation）はすぐに決裂してしまうために効果が得られない。

話し方の次は行動面である。どういった行動を止め、どういった行動をとればよいか。その一つに「家族がイネーブル（enable）しないこと」が書かれている。「イネーブル」、簡単に言うと「本人が飲酒したことで起こした問題について、家族が『尻拭い』しないこと」である。アルコール依存症の患者は飲酒により様々な問題行動を起こす。嘔吐や失禁、暴言や暴力、空き缶や空き瓶により部屋がゴミだらけになるし、遅刻や無断欠勤、など挙げていればキリがない。家族としては、どうしても手を差し伸べたり手助けしたくなるが、それを止めるのである。汚れた部屋を家族が片づけるのではなく、本人に片づけさせる。遅刻や無断欠勤により仕事に支障が出たとしても、家族が本人の代わりに「今日は姉の体調が悪いため、欠勤します」と会社に連絡したりするのを止めるのである。当然、そういった行為を繰り返すと会社から何らかの処分が下るようになるが、「自分がしたことについて自分が責任を取る」ようにするのである。そうすると飲酒により部屋の快適性が失われ、自分のしたい仕事ができなくなったり、車を取り上げられたりと「自分がしたいこと」が出来なくなっていくため、「断酒しよう」とか「アルコール専門外来を受診しよう」といった行動に結びつきやすくなる。

　また、この二つの「アイメッセージを使うこと」と「イネーブルを止める」ことを実践する前提として「感情的にならない」ということも紹介されている。とかくアルコール依存症の振る舞いは周囲に迷惑を掛けるし家族としては腹が立つことが多い。暴力を振るってくるかも知れないし、嘔吐や失禁で部屋を汚すかもしれないし、場合によっては酒を買いに行くために家族からお金をぶんどっていくこともあるかもしれない。とにかくその行動には腹が立つ。そしてアルコールによって脳が支配されるようになると本人の易怒性（怒りやすさ）が増すところも問題である。ほんのちょっとしたことでキレてしまう。「キレやすい高齢者」がニュースなどで度々話題となるが、アルコール依存者も総じて同じである。語弊があるかも知れないが

「記銘力の低下、フラつきによる転倒のリスク、判断力の低下、易怒性」等々、アルコール依存症の患者は認知症の高齢者と変わりない。家族にとっては疲弊もするし腹立たしいことが多い。しかし、アルコール依存症の患者が易怒性により怒り出したとしても、こちらも同じように感情的になってはいけない。こちらが感情的になれば相手の火に油を注ぐだけで、更にお互いヒートアップして状況をますます悪化させるだけだ（因みに私は姉が怒っているときに、更に怒りを煽って暴力行為に及ばせ、「自傷他害の恐れがある」との要件を満たすようにもっていって「強制入院させよう」としたこともあるが、うまくいかなかった）。あくまで相手は精神疾患を抱えている患者である。よく観察して感情的にならず、冷静に「アイメッセージを使う」、「イネーブルを止める」に注力するのが大事である。

　ＣＲＡＦＴの内容を読み、これまでの出来事を振り返ると、私及び母は典型例な「失敗パターン」の行動を取っていた。「酒を飲むな」と言って力づくで酒を取り上げたり、「救急車を呼ばれたくなかったら酒を止めて薬（精神安定剤）を飲め（negtiation）」と言って無理やり薬を飲ませたり、会社に掛け合って仕事を内勤に変えてもらったり、（恐らく）飲酒して車を運転して家に警察が張り込んでいるときに「検問で捕まらないように家に戻ってくるな」と指示したり。周囲が働きかけて社有車を取り上げるという、イネーブルが必要悪と思われることもあったが、「命令、脅し、尻拭い」と典型的、かつ失敗パターンの行動を取ってしまっていた。

そして、それらは本に指摘の通り、効果がないばかりか姉との関係を悪くする一方であったことに気付いた。

アルコール依存患者と家族との関係は大事である。命令や脅しにより直接的にアルコール依存者の考え方を変えることはできないが、「私」を主語にして家族の思いを伝えることが出来るため患者本人の考えに変化をもたらすことが可能である。しかし、うまく信頼関係を作れないと本人は家族との関係をバッサリ切ってしまうことがあり得る。私の場合、自宅に救急車を呼んだり、社有車を取り上げるように働きかけたとき、姉は私に対して激しい怒りを見せて私との会話を一切拒否してしまった。長い期間を経て、また病院へ定期的に通うことで何とか姉との関係を修復することができたが、会話を一切拒否されたときは、こちらから何のアプローチもできない状況となってしまっていた。

母と共にＣＲＡＦＴを読み、概要については理解したが実際に木村病院を受診して指導を受けることは先延ばしとしていた。折しも冬場で季節が悪く、不要な外出を控えたい（高齢の母の体調を考慮して）のと私の仕事の都合がつきにくかったからである。ＣＲＡＦＴの概略を理解して頭では分かっていたとしても、それを実践するのは一朝一夕ではできない。私はある程度姉と距離を置くことができたため、話す機会は少なかったし、ＣＲＡＦＴに沿った内容で話すこともできた。しかし、母には難しかった。すぐにはＣＲＡＦＴに沿った考え方にシフトすることが出来なかったことと、四六時中不機嫌な姉と顔を合わせ、度々多量飲酒で問題行動を起こすために典型的な失敗パターンの話し方と行動を取ってしまったことにある。姉が多量飲酒で潰れると母から「どうしたらよいか」の連絡が入り、「今日もまたお酒を買いに行った」とか「押入れの中に何本のウイスキーとワインが残っている」と姉の行動を逐一監視し、「もう親子の縁を切りたい」、「お父さんは好きなことをして、早く死んでしまって汚い」と泣く始末だった。

8・4　年の瀬

年の瀬が近づいたある晩もいつものごとく姉は多量飲酒して潰れていた。私は実家に帰る予定だったため仕事が終わってから実家に帰る準備をしていた。そのとき母から私に連絡が来た。いつものごとく母は動揺して「姉が多量飲酒して朦朧とした状態で階段を踏み外して転げ落ちた」と。頭部打撲している上に出血もしているようだった。そのため私は母に救急要請するよう指示した。私が急いで実家に帰ると、ちょうど救急車が到着して姉を搬送するところだったため、私が家族として救急車に同乗して搬送先の病院へ向かった。病院に到着すると姉は救急室へ、私は家族待機の場所で医師から質問を受けていた。病院は違えど、いつもは私が同様の患者を受ける立場にある。質問されることも診察の内容も何の検査するかも分かっていた。そして、救急担当医に、アルコール依存症で入院歴もあることや、それから多量飲酒を度々起こしている現状を説明してアルコール専門外来への受診や精神科病院への搬送や入院について掛け合ってみた。

　結果は「いつものごとく」であった。関東で何度も同じ目に遭っていたため予想はしていたが、ここでも「内科的に問題ないため当院で入院することはできない」、「時間外のためアルコール専門外来の精神科クリニックはやっていない」、「入院施設のある精神科病院も、アルコール依存症患者が飲酒をしている場合は診ない」とのことだった。何度も味わった八方ふさがりの状況にまた陥り、姉を連れて帰る羽目になった。姉はストレッチャーに乗せられていたが、「帰る。帰る。」と言ってストレッチャーから身を乗り出そうとしており、転落の危険性があるため看護師が何度も制止していた。看護師の方々も大変である。私も救急医療の現場に立つため、こういった患者が搬送されてくることもあるが本当に迷惑極まりない。ただでさえ、休日や夜間の救急現場では最少の人数で患者さんを診るのである。看護師一人が、姉のような患者一人につきっきりとなってしまうため、残りの人手で他の患者さんたちをカバーしなくてはいけなくなる。その日も年の瀬が近かったせいか、救急室は患者さんでごった返しており、姉の対応で迷惑掛けたのは状況が分かるだけに申し訳なかった。私も段々腹が立ってきて、姉に「いい加減にしろ！　帰るぞ」と言って服を鷲づかみにして会計のほうに進んでいった。姉は実家からの救急搬送だったため、裸足でそのまま病院内をウロウロしていた。会計を終え、タクシーを呼んだが姉は「歩いて帰る」と言い裸足でアスファルトを歩き出したため、また服を鷲づかみにして引き戻し、タクシーに無理やり押し込んで実家に戻った。

　今回はいつもより多量に飲酒していたためか回復に時間がかかった。私は大みそかに当直していたため元旦の朝、実家に戻ったが、姉はまだ潰れていた。潰れているといってもリビングで寝転がっているだけなので私は特に気にも留めず、お節料理を食べてテレビを見ていたが母はあからさまに不愉快な顔をしていた。

　次の日、姉はアルコールの離脱症状に苦しみだした。家族にとって一番やっかいな時期である。リビングを果てしなく行ったり来たり歩き出した。そして、２リットルのペットボトルの水を多量に飲みだした。ペットボトルの蓋を開けようとするが、両腕が振戦（震えること）して思うように蓋をあけることが出来ない。やっとのことで蓋をあけて飲もうとするが、その時も腕がガクガクして周囲に水をまき散らしながら水を飲んでいた。恐らく、食事を摂らず多量飲酒が長引いてしまったことでビタミンＢ１が不足してウェルニッケ脳症（ビタミンＢ１不足により小脳に障害が出たり、記憶や記銘力に障害が出る）を発症していると思われた。数日前に階段から転落して目の周りが殴られた後のように青あざと腫れが出て、その顔で水を飲もうとするとガクガク両腕が振戦してうまく飲めない様子を携帯の動画で撮った。症状が治まってから姉に見せて、少しでも「病識」を持ってもらおうと思ったからである。そして、私がテレビを見ながらカレーを食べていると、姉はカレーの入っている鍋をぶん捕ってお玉でカレーを多量に食べ始めた。私は驚いただけだったが、母はその野蛮な行為にまたあからさまに不愉快な顔をあらわにしていた。私は姉の行動から「飲酒により引き起こされる異常な行動」だと思っていたが、理性的に考えることができない母の表情には強い不快感が現れているのが見て取れた。姉はカレーを多量に食べた後、トイレに行ってそのまま多量に嘔吐していた。テレビを見ると新年の祝賀ムードいっぱいのなか、我が家は最悪な新年の門出となってしまった。「文字どおり地獄だな」と私は思ったし、神仏にお祈りしたところで事態が改善するとも思えなかったため、初詣に行く気も起きなかった。

9　叔母の孤独死

この章はアルコール依存症と直接的には関係しない。しかしながら高齢化が進む日本が直面している問題であり、かつ今後確実に増加することが予想される、我が家に起こった象徴的な出来事であるため記載することとした。

※但し、ショッキングな内容が含まれるため、読み飛ばしてもらって構わない。

ＣＲＡＦＴをこれから母とともに実践していこうとしていた頃、私はこれまで勤めていた病院を退職した。私のわがままにより退職することとなり、病院には多大な迷惑をお掛けしたことについてこの場を借りてお詫び申し上げる。断っておくが、仕事内容や人間関係が嫌になって辞めたわけではない。忙しかったが仕事内容はやりがいのある内容だったし、上司も含めて周囲の人たちに温かく支えられて職場に不満はなかった。強いて言えば一度サラリーマンを経験した私は脱サラして医師となったわけであるが、勤務医という職業が思ったよりサラリーマン以上にサラリーマンとしていたために辞めたのかも知れない。しかし、以前サラリーマンを辞めたときもそうであるが、「現状が嫌で抜け出すため」に辞めることなどない。「新たな目標を実現するために過去の自分を捨てる」という決断である。当然のことながら辞めないことのメリット、デメリットと辞めることのメリット、デメリットを総合的に判断して決断を下す。そしてその決断は自分自身がする。自分の人生は自分で決めるものである。

退職してからは非常勤医師として働くこととした。平日に休みが取れるためＣＲＡＦＴを母と実践していくには都合が良かった。そんな折、朝に母から連絡が来た。「叔母と連絡がつかない」。私の叔母、それは私の父の妹にあたる（先に登場した叔母は母の妹のことだが、今回は亡くなった父の妹のことである）。叔母は父方の祖父母と同居していたが祖父母が亡くなってからは独居となっていた。叔母は私と姉が小さい頃に私たちを可愛がってくれていたし、よく一緒に遊んでくれた。が、叔母は少し変わった人だった。祖父母は自営業を営んでいたが叔母は祖父母の仕事を「少しだけ手伝う」というスタンスだった。要は今でいう「引きこもり」だった。叔母の兄にあたる私の父は存命中、口には出さなかったが気にはかけており、目立たない形でサポートしていたようだった。祖父母が亡くなってから我々の家族と叔母は疎遠となっており、数年に１回程度は顔を会わせる程度だった。父が亡くなったとき、叔母も葬儀に参列した。「とうとう私も一人ぼっちになってしまった」と話していた。父が亡くなってから、というより祖父母が亡くなってから、ますます引きこもるようになっていった。古い家のままでインターホンなどないし、携帯電話を持つこともなく、こちらから連絡を取る時は固定電話に電話していた。といっても建て増しした古い家だったためか、固定電話に電話してもつながらないことも多く、何度も何度も電話すると、ようやく連絡が取れる、と言った有様だった。どうやって生計を立てていたか、など詳細は不明だが、特にこちらが詮索することもしなかったし、何より叔母が周囲の人と関わりをもつことを嫌がっていたのは明らかだった。

テレビなどで「都会から田舎への移住で幸せな生活が送れる」といった内容が紹介されたりするが、田舎の人間関係はそんなにバラ色のものばかりではない。一言でいうと田舎の近所付き合いは「窮屈」である。叔母は近所の人たちに対して（我々家族に対しても）迷惑を掛けたりすることはなかった。しかし、祖父母が存命のときから結婚せずに（周囲から見ると）親のすねをかじっている叔母は近所の人たちから後ろ指を指されていたのだと思う。田舎なので昼間に外を歩けば声を掛けられるのである。そして特にこちらは話したくなくてもプライベートな領域に土足で踏み込んでくるのである。想像ではあるが、叔母は近所の人から「仕事（どこかに勤務）しないのか」とか「結婚もしないでこの先一人でどうするつもりなのか」と余計な詮索されるのが嫌だったのだ。叔母は好きで引きこもっていたわけではなく、「引きこもるしかない」ため引きこもっていたのではないかと思う。事実、食材などをスーパーに買いに行くときは日が暮れてから目立たないようにこっそり買いに出掛けていたそうである。

叔母とは元々疎遠だったし何回も電話してやっとつながるような状態だったので近所の方から「姿を見かけない」と聞いても気にも留めなかった。一応、そんな時は母が叔母に何回も電話して叔母が電話に出ることで安否確認できた。そんな状態だったため遅かれ早かれ叔母が「孤独死」するのは確実と思われた。ただ叔母は持病もなく、つつましい生活を送っていたため「案外長生きするだろうね」と家族で話していた。

今回、母から連絡が来たのはいつもと事情が異なっていた。どうやら電気代の支払いが滞っていたらしい。そして電気会社の方が支払いの督促に行ったが応答がない、とのことだった。即座に「孤独死の可能性があるな」と思った。その日、私はいつもどおり出勤していたが上司に事情を説明して母と合流して叔母の家に向かった。叔母の家の鍵を持っていないため警察署に行って事情を説明して、叔母の家に同行してもらった。「ドンドンドンッ！」、警察が玄関の扉を叩いた。インターホンも呼び鈴もないので、こうするしかないのである。叔母が出てくるとき、扉を叩くのも何度も繰り返してやっと顔を見せる、といったことが常なので叔母が出てくるまで何度か扉を叩く必要がある、と思った。警察は2回ほど扉を叩いた後、なにやら丸太のような形をした器材を取り出して扉のガラス部分を叩き割り始めた。「ドン！　ドン！　パリーンッ！」大きな音が周囲に鳴り響いた。「叔母が生きていたら絶対に怒られる」と私は思った。大きな音に驚いた近所の人がチラホラやってきた。ガラスを叩き割って我々と警察は家の中に入っていた。

家の中は「シーン」と静まり返っていた。昔、夏休みや正月休みは両親と姉とよく遊びに行った場所である。木の懐かしい匂いはそのままで、その当時からなにも変わっていない気がした。叔母の家は時が止まっているようだった。奥に進もうとしたが警察に制止された。かわりに一人の警官が奥へと進んでいき、戻ってきた。「お亡くなりになっています」。予想した通りである。予想していた通りではあるが動揺した。「どうしよう」と何とも言えない気持ちになった。事件性がないか警察の現場検証が始まった。私も医師である以上、死亡確認することなどは日常茶飯事であるが、孤独死の現場に遭遇したのは初めてである。そしてそれが、よりによって身内に起こるとは。

警察が現場検証をしている間、私と母は警察署に行って事情聴取を受けた。とは言っても叔母とは疎遠だったし、遅かれ早かれこうなると予想もしていたため事件性がないのは分かりきっており、こちらとしては形式上の質問に淡々と答えるのみだった。現場検証が終わると遺体は司法解剖のため大学病院へ移された。私と母は空き家となってしまった叔母の家に戻った。昔から電気をつけてもどこか薄暗い印象のある叔母の家は、電気も止められているため昼間にも拘らず更に薄暗く陰鬱とした空間となっていた。そして警察と踏み込んだときには気付かなかったが、家は明らかに朽ち果てはじめていた。叔母が亡くなってから結構な月日が経っていることを物語っていた。ただ、叔母が生きているときから家が朽ちてきているのも明らかだった。2階建ての家だったが1階の居間にも雨漏りが多く降り注いでいた。それを多数のバケツで受けるように叔母が用意していて、バケツの中は雨漏りの水でいっぱいになっていた。仏壇が置いてある畳にはキノコが沢山生えていた。

　そして台所に行くと、テーブルが傾いてガラスのコップが下に落ちて割れていた。あたかも凄惨な殺人事件に遭遇したような気分で私と母による現場検証が始まった。遅かれ早かれ孤独死することは以前から予想していたから事件の可能性はゼロに等しい。そして死因はだいたい推理できた。恐らく上部消化管出血である。恐らくは胃もしくは十二指腸潰瘍による出血で吐血したと思われる。後から警察に頼んで見せてもらった遺体発見時の写真には叔母が着けていたエプロンに多量の血痕が付着していたことからも明らかである。そして台所のテーブルや冷蔵庫にも血痕がついていた。叔母は嘔気を感じて吐血し、それを手で受けたと思われる。その際にふらついてテーブルに手をつき、テーブルからガラスのコップが落ちて砕けちった。しかし、吐血後に叔母は動揺しつつもある程度動けている。几帳面だった叔母らしく丹念に血をふいて片づけた痕跡があった。その後、トイレのほうに歩いていき失血の影響もあって失神して後ろ向きに転倒、後頭部を打撲、そして寒い中の出来事だったためそのまま仰向けで体温を奪われていって、低体温による死亡に至ったと思われる。大量に投函されていた新聞から死亡した日付もほぼ特定することができた。新しい年を越すことができなかったに違いない。

亡くなる前の情景が目に浮かぶ。年の瀬が近づいてきた中、叔母はこの先について不安を感じ始めていたのだろう。家が朽ちてきたため、雨が降るたびにあちらこちらから雨漏りがする。無数のバケツが置いてあったため、「その中に溜まった水を捨ててはバケツを置き、また水が溜まっては捨ててバケツを置き」を何度も繰り返していたのだろう。家が朽ちてくる恐怖とともに冬が近づいてきた寒波に震え、その寒さと将来のことがストレスとなって胃か十二指腸に潰瘍ができたのではないかと思う。胃のあたりの不快感もずっとあったはずだ。年の瀬が近づいてきた中、ひっきりなしに雨漏りする朽ちてきた家の中で寒さに震え、胃のあたりの気持ち悪さを感じて迫りくる死の恐怖を予感していたと思うと陰鬱な気分になった。

姉にも叔母が亡くなったことを伝えた。姉は不安定な時期だったが、その日は朝起きて職場にいた。姉から私に電話がかかってきた。「予想はしていたけどショックやわ。叔母は絶対長生きすると思っていたのだけど」姉も相応にショックを隠せずにいた。司法解剖は数日かかるため、一旦家に戻って出直すこととした。数日後、私と母は再度警察署に出向いた。司法解

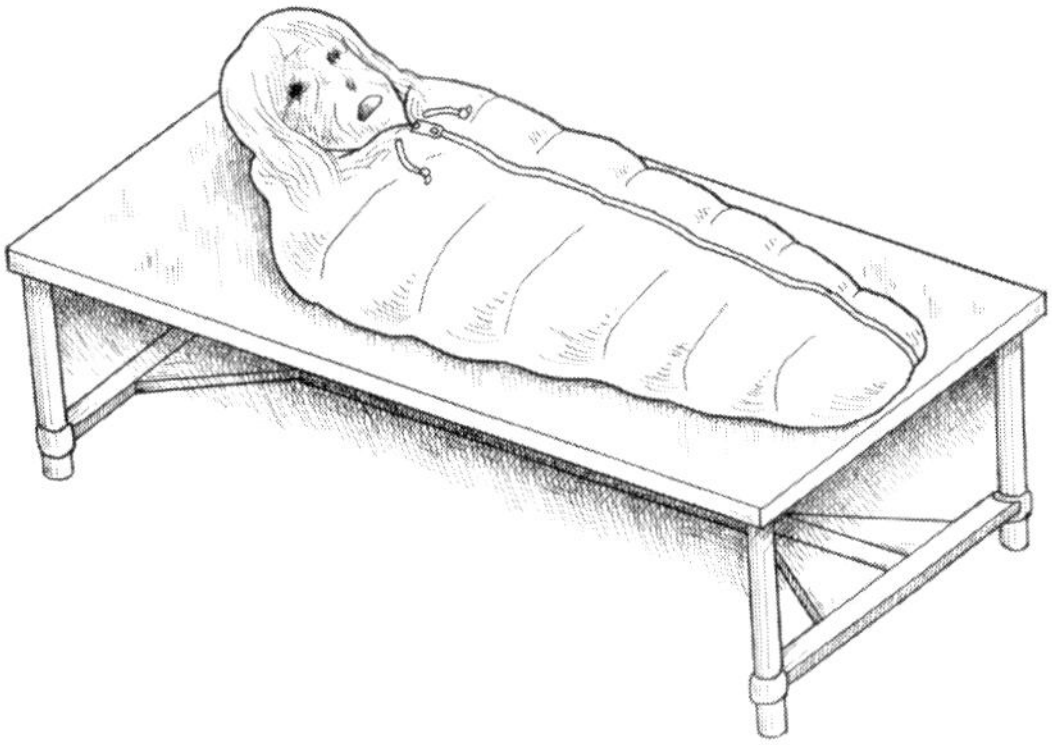

剖の結果、事件性は否定された。私は遺体と面会した。母には控えといてもらうようにした。ショックを受けて不眠症にでもなったら困る。遺体は腐敗しておらず少しミイラ化しているだけだった。時期と場所が幸いした。冬に亡くなり、しかも冷たいコンクリートの上だったためそのまま腐敗しなかったのである。従って遺体を一目見て叔母だということが分かった。両眼のあった部位は溶けてなくなっており、黒く落ち窪んでいた。「眼」というものは人間（に限らず、魚類から哺乳類に至るまで）にとって象徴的なパーツだと思う。医学的な言い方ではないが、「白目に黒い瞳」という組み合わせが本能レベルで認識できるようにインプットされている。普通の人なら「白目をむいている」のを見ただけでもギョッとするはずだ。同じように本来「眼」のある場所が落ち込んで真っ黒になっている様子は恐怖を呼び、そして「孤独死」というものをリアルに想起させた。その後、遺体とともに火葬場に向かった。葬式場をすっ飛ばすいわゆる「直葬」というやつである。母と私の二人だけで火葬場に行き骨拾いをした。亡くなっても誰も涙を流す人がい

ない。なんともやるせない気分だった。

その後、数回に分けて空き家となった叔母の家で遺品整理をした。つつましい生活を送っているのはよく分かったし、年金も受給資格がありながら受けていなかった。そして先述の通り、恐らく吐血からの失神が死因だったとは思うが、いたるところに吐血の後始末が、しかも几帳面に丁寧にふき取った痕があったことから、吐血後から失神までかなり時間があったに違いない。吐血した時、すぐ救急車を呼んでいれば助かっていたのも恐らく確実だ。誰にも弱音を吐かず、助けも呼ばなかった。叔母は年金の受給や救急要請などの公的な補助を一切放棄していたのである。死期を悟ったのか諦めの気持ちなのか、他人に家に入ってきてほしくないと思っていたのか。亡くなったいまとなっては確かめようがない。叔母に対して後ろ指を指すような態度を取ってきた近所の人もいたわけだが、「何か近所の人に迷惑を掛けたのか」と身内として思う。雨漏りして家が朽ちてきても私たちに助けを求めることはなかったし、受給資格がありながら年金を受け取ることもしていなかった。また、病院に行けば恐らく助かっただろうが、吐血した時に救急要請すらしなかった。私たち家族はおろか行政や国に頼ろうとしなかったのは、ある意味潔いではないかと思う。結婚しようがしまいが本人の自由だし、他人に迷惑を掛けることなく、叔母はひっそりと生き、ひっそりと独り亡くなっていった。それもまた自分が選んだ人生だし、「他人がその生き様に対してとやかく言う権利はない」と私は思っている。

10　ＣＲＡＦＴ実践

10・1　ＣＲＡＦＴ開始

再び姉の飲酒とＣＲＡＦＴについて話を戻そうと思う。冬季に不要な外出を母に強いたくなかったため、しばらくの間、本を読んで独学で内容を実践するという方法を取っていた。本を読んだことでだいたいの内容を理解した私は、特にイネーブルしないことを心掛けた。毎日、姉と顔を合わせることになる母はＣＲＡＦＴ内容に沿って行動を変えるのは難しかったが、姉が発作を起こして家を汚した場合は本人に片づけさせるように仕向けていた。「イネーブルしない（尻拭いしない）」は頭で分かっていても同居しているとなかなか難しいものがある。飲酒の発作を起こした後に、大量に食事をして気分が悪くなり、風呂場で大量に嘔吐したこともあった。当然、ＣＲＡＦＴの内容に沿って本人に片づけさせるわけだが、発作後のフラフラした状態で片づけていると、こちらが要求するレベルまで清掃することができない。風呂は母と共有して使うので、汚さが残ったり臭いが残る中で風呂を使うのは不快である。本人が勝手に汚して本人が不快に思うだけで済めばよいのだが、同居していると共有のスペースが沢山あるので被害が本人にとどまらないため、家族は大変迷惑する。母のストレスもピークに達していたため、母を連れてホームセンターに行き、介護用のオムツと敷きパッド、ゴム手袋を買いに行った。「本当なら私の介護のために姉が介護用品を買いに行くのが普通なのに、この歳になって姉の介護用品を買いに行く羽目になるとは」と母は嘆いていた。ＣＲＡＦＴではイネーブルしないよう書かれているので、こういった介護用品も本人に買いに行かせるべきだと分かってはいたが、共有スペースが多い実家がどんどん汚れていくのに耐えられず買いに行ってしまった。結局、介護用品を買っても本人が使うことを拒否したので何の意味もなかったが。

なんとか寒い時期を乗り越え、母と私で木村病院を受診し、ＣＲＡＦＴの指導を受けることとなった。受診は、「⑴当日に受診の予約を取る」、「⑵山田さんとＣＲＡＦＴの勉強」、「⑶木村先生とお話」を月1回ペースで行うという流れだった。予約を取ってからＣＲＡＦＴの勉強会まで少し時間があるので母と周辺を散歩した。木村病院周辺は、かれこれ30年以上前に姉と母で何度も歩いたことのある場所だった。その当時のことを振り返りながら母と散歩し、喫茶店でケーキを食べ、コーヒーを飲んだ。姉のことがなければ、30年ぶりに母とこの場所を散歩することはなかったな、と思うと「これはこれで親孝行にもなっていいかな」とも思った。

喫茶が終わると母と私は木村病院に戻り、ＣＲＡＦＴの勉強をした。山田さんはＣＲＡＦＴ

の概要や流れについて説明して下さった。その後は母と私がこれまでの経緯を説明した。電話で山田さんにお話したときに経緯については十分説明したのだが、長年アルコール依存症に振り回されてきた恨み？や不満が母にも沢山あったため、話し出すときりがなかった。ＣＲＡＦＴの勉強が終わると先生の診察にうつる。と言っても、本来の患者は姉であるため私と母は先生と状況について情報交換して先生からアドバイスを受ける、という形である。木村先生は柔和な感じのする先生だった。私と母の話を根気よく聞いてくれ、それから姉の現状について少し説明を受けた。「まだ（姉は）お若いので治る可能性はあります」と話してくれた。ハッと思った。アルコール依存症は基本的に不治の病なのだ、と。私もこれまで自分で調べてもいたし、当然ながら難治性の病気だということも理解していた。母にも「希望をもつな！」、「突然、治療法のない難病にかかったと思え！」、「治る、と希望を持つからしんどくなる」と何度も言いきかせていた。が、改めてアルコール外来専門の医師から「基本的に治らない病気」だと聞かされたのはショックだった。とはいえ、アルコール依存症を克服する可能性が低いとしても、ＣＲＡＦＴの指導を受けて状況が改善する可能性はあるし、何より直接会って専門家に相談できるのは本当に心強かった。診察を終え、母と近くで昼食して帰宅した。次回の受診からは母に昼食の場所を決めてもらうようにお願いした。母に「主体性を持ってもらう」狙いだった。

ＣＲＡＦＴは家族向けに書かれており、アルコール依存者本人への心掛けや薬物治療については触れられていない。家族のアプローチによって意識の変容を本人に促すことを旨としている。ＣＲＡＦＴの本を読み、私はある程度内容を理解していたが、母は依然として「本人が病院を受診すれば何とかなる」、「薬を飲めば治る」といった意識が強かった。ＣＲＡＦＴの実践についても、「私と母が定期的に受診すれば姉が治る」というような他力本願な考えだった。当然、私たち家族が受診するのは大事なのだが、受診するだけだと何も変わらない。受診して「私と母の考え方を変える」のが大事である。「他人を変えることは出来ない。変えるのは自分である」。私や母の考え方、言動が変わることによって、姉の考え方に変容をもたらす。そう私は思っていたため、母には「自分が変わることで姉を治す」という意識を強く持ってほしかった。なので、ただ漫然とスタッフからＣＲＡＦＴの受診を促されて行くのではなく、主体性を持って受診してほしく、受診後の昼食にしても「自分はこれが食べたい」という意志を示してもらうようにした。

　母と私が木村病院を受診してＣＲＡＦＴを本格的に実践しはじめたが姉に大きな変化は見られなかった。もちろん、すぐに効果が出るはずはないし、母も私も「ＣＲＡＦＴを理解して実践していこう」とある種の目標があったため以前より安心していられるようになった。

郵便はがき

料金受取人払郵便

大阪北局
承　認
2424

差出有効期間
2021年12月
1日まで
(切手不要)

553-8790

018

大阪市福島区海老江5-2-2-710

㈱風詠社

愛読者カード係 行

ふりがな お名前			明治　大正 昭和　平成　年生　歳
ふりがな ご住所	□□□-□□□□		性別 男・女
お電話 番　号		ご職業	
E-mail			
書　名			
お買上 書　店	都道府県　市区郡	書店名	書店
		ご購入日	年　月　日

本書をお買い求めになった動機は？

1. 書店店頭で見て　2. インターネット書店で見て

3. 知人にすすめられて　4. ホームページを見て

5. 広告、記事（新聞、雑誌、ポスター等）を見て（新聞、雑誌名　　）

風詠社の本をお買い求めいただき誠にありがとうございます。
この愛読者カードは小社出版の企画等に役立たせていただきます。

本書についてのご意見、ご感想をお聞かせください。 ①内容について
②カバー、タイトル、帯について
弊社、及び弊社刊行物に対するご意見、ご感想をお聞かせください。
最近読んでおもしろかった本やこれから読んでみたい本をお教えください。

ご購読雑誌（複数可）	ご購読新聞 新聞

ご協力ありがとうございました。

※お客様の個人情報は、小社からの連絡のみに使用します。社外に提供することは一切ありません。

10・2　一人暮らしの反対

その矢先、突然、姉の一人暮らしの話が持ち上がってきた。実は姉が実家に戻ってきてから、職場復帰していたが、何度か飲酒の発作により無断欠勤があり、姉の上司が様子の確認のため母に連絡することがあった。病状説明のために母では埒があかないと思ったときは、私がその姉の上司と電話して話すこともあった。柴さんという方だった。ご存知の通り、現代の職場や学校では精神疾患をきたす患者が増えてきており、ご多分に漏れず姉の職場でも精神疾患により休職している方がおられるようで柴さんは姉の置かれている状況について理解を示していた。その柴さんから連絡があった。詳細は省くが、職場の借り上げ寮の制度があり、姉がその制度の利用を希望しているとのことだった。「はあ?」と思った。姉が飲酒の発作を起こすとはいえ、実家で暮らしているために症状がそれなりに落ち着いていると思ったからだ。「この状態で姉が一人暮らししたら歯止めがきかない」、そう思った。

私は姉の一人暮らしに断固反対だった。姉が一人暮らしすると言い出した時、思い出されたのが叔母の孤独死のことだ。アルコール依存症となった場合、平均寿命は50歳台である。統計でみると自殺する割合も少なくない。道端で倒れて熱中症や低体温による死亡、転落などの不慮の事故もありえる。

「ここで姉の一人暮らしを容認すると、遅かれ早かれ孤独死してしまう」、そう思った。そして、1年のうちで自分の身内が二人も孤独死するなど、呪われているとしか思えない、とも思った。柴さんにも「一人暮らしの阻止」を訴えた。当然ことながら柴さんも、そのリスクは承知しており「制度上、借り上げについては言わざるを得なかった。が、私自身は実家からの通勤がいいと思うので出来る限り一人暮らしは踏みとどまるよう姉を説得する」と言ってくださった。柴さんと相談した結果、まず家族で話し合った上、木村先生と相談して一人暮らしが可能かどうか判断して頂き、可能であれば診断書を職場に提出すれば一人暮らしを許可する、ということとなった。姉は病前気質（アルコール依存症を発症する前の性格。元々の姉の性格）から、「言い出したら止まらない」性格である。その上、アルコール依存症を発症しているので他人言うことなど全く聞く耳を持たない。説得は難航することが予想された。

　母と私と姉の三人で話し合った。当然のことながら私は叔母の孤独死のことがあり、心配で一人暮らしは容認できないと伝えた。一人暮らしに反対だと伝えると姉の形相は一変した。これは言葉で巧く表現できないが、一言でいうと「激しい怒り、憤怒の表情」といったところだろうか。普通の人が非常に「怒っている」のとは違う、何か病的とさえ思えるような怒りの表情を見せて「私の人生を奪わないで！」、「どれだけ私の人生の足を引っ張ったら気が済むの！」と叫び始めた。姉の鬼のような形相にたじろいだが、私も腹が立った。「俺は姉の足を引っ張ってないし」、「だいたい一人暮らしをするのに兄弟の許可なんか本来不要なはずで、アルコール依存症があるから母や俺の許可が必要になっている」、「お酒を飲んだのは姉なはずで俺が飲んだわけでもないし、飲めと言った覚えもない」、「お酒を飲んで、たかが一人暮らしをするのに母や俺の許可が必要になる状況にしたのは自分のせいだ！」、「俺は絶対に一人暮らしは許可しない」と突き放した。当然、こんなことくらいで姉が納得するはずはなかった。一人暮らしをするためなら手段を選ばず、といった感じだった。そもそも姉は私や母の同意など必要と思ってはおらず、木村先生から診断書さえもらえれば一人暮らしできる、そう踏んでいたようだった。姉は予め診断書をもらいに木村病院を受診していた。しかし、木村先生から「家族の方が一人暮らしに賛成されていないようなので、診断書を書くためにも家族全員で受診されたらどうでしょうか」と促されていたようだ。つまり、診断書をもらうためには姉が木村病院を受診するのに私と母がついていく必要があるため、仕方なく我々に一人暮らしの承認を得る、ということになっていたようだった。姉の言い分は、我々が一人暮らしに賛成しようがしまいが木村病院の受診についてきて、そこで診断書をもらうことに反対するな、ということだった。私は更に腹が立ち、「結局、受診についてこい、っていうお願いなんやろう？」、「それが他人にものを頼むときの態度か？」と言った。そして、「これまで何度も私や母がお願いして飲酒を止めるように、とか病院を受診してほしいとか、お願いしてきたのに、一度でも私たちのお願いを聞いたことがあるのか？」と言った。姉は「本当にお願いします」とか「私の人生の足を引っ張らないで」とか自分勝手な言い分をわめくばかりだった。

叔母の孤独死のことがあったため私は逆に姉の一人暮らしを何としてでも阻止するつもりだった。賛成する気もなかったし、木村病院の受診についていく気もなかった。もっと言うと、木村先生に一人暮らしを許可するような診断書を書かないでほしいと、お願いするつもりだった。「孤独死」の二の舞は何としてでも避けたかった。現状のまま実家で暮らすと母が疲弊するも分かっていたが、「Death is worse（死ぬよりマシ）」の言葉が浮かんだ。そこで母に相談してみた。「(1)このまま姉が実家暮らしでストレスを感じながらも、私と母がCRAFTを実践していって少しずつ改善していく」、「(2)一人暮らしを容認して実家の平穏な日々を取り戻すが、遅かれ早かれ姉は孤独死する」、どちらがいいか。「実家を出て行ったが最後、二度と戻ってくることはない」とも言った。ストレスがピークに達してはいるが「(1)」がいい、と母は言った。

そこで私は木村先生に連絡して診断書を出さないようお願いすることにした。私自身、木村先生にお願いすることは全く気が進まないが何も行動せずに姉の一人暮らしを容認するのは「座して死を待つ」ように思い、「もしここで私が行動せず、予想どおりに姉が孤独死すれば後で絶対後悔する」と思ったため木村先生に連絡した。電話は長時間に及んだ。今思うと、先生には本当に非常識、かつ迷惑をお掛けしたと反省している。先生からは「そんなこと出来るわけないじゃないですか。本人が診断書を希望され、現状で一人暮らしを止める理由がない」と言われた。私も覚悟を決めて連絡した以上、簡単に引き下がることは出来なかった。「現状、実家で暮らしているときでも道端で倒れて救急要請されていることもある」、「一人暮らしすれば尚更、目が行き届かなくなるし道で倒れて脱水症や熱中症で死に至る可能性があがる」、「高層階での一人暮らしだと事故にせよ、自殺にせよ転落死する可能性もある」、「せっかくＣＲＡＦＴを始めたのに一人暮らしになれば家族とコミュニケーションする機会が断たれて家族が介入してアルコール依存症を克服していくことができなくなる」と食い下がった。木村先生からは「偶発的な死亡は実家で住んでいようと、一人暮らししようと可能性はあるし、両者に差はない」、「一人暮らししたとしても電話など、コミュニケーションを取る方法はある」と反論された。一人暮らしを始めた姉が電話で私や母と話すと思えなかったし、私も反論を重ねた。

とうとう木村先生から「こちらの治療方針について満足していないのが原因じゃないですか。アルコール専門外来なら他の病院もやっていますし、納得いかないなら他の病院に変えたらいかがですか」と突っぱねられた。

そう言われて、「ハッと気づき」やっと私も冷静になって考え直した。私が不安に思っていることは「孤独死の二の舞にならないか」の一点である。木村先生の治療方針についても、山田さんに教えてもらっているＣＲＡＦＴの勉強会についても何ら不満はない。確かに突然死のリスクはあるとはいえ、先生が言うように一人暮らしをしたほうが姉の自立を促してアルコール依存症を克服する近道となるかもしれない。姉は手段を問わず、なりふり構わず自分勝手な主張を繰り返していたが、確かに新天地での一人暮らしの生活に対して前向きな生活を語っていたと。姉の言い方や振る舞いに腹が立っていたため、その前向きな部分について見えてなかったかもしれないと即座に思い直した。このあたりを考え直した私は先生に非礼を詫びた。先生も相当腹が立っていただろう。逆の立場だったら心底面倒くさい患者家族である。「治療方針に何も不満を抱いていない」、「確かに姉が前向きに考えていることについて家族が応援する、という立場を取ったほうが得策だ」と考え直したことを先生に伝え、そしてそれまでの不遜な発言を詫びた。

10・3　一人暮らしを応援

木村先生と相談したうえで、姉の一人暮らしを応援するということを母に予め伝えたのち実家に帰った。散々、拒絶した態度を私が取っていたため姉の機嫌は悪かった。が、「木村先生と相談して、姉の一人暮らしを応援する」と伝えると笑顔になった。ＣＲＡＦＴの内容を思い出しながら私も姉に話した。「叔母の孤独死のことがあるから一人暮らしを心配していた」、

「新天地での新しい生活について応援している」と。その上で、「叔母のような孤独死の二の舞は何としても防ぎたいと思う」と伝えた。姉は「1日2回、朝晩ＬＩＮＥで連絡を入れるようにする」と言い、「新たに住む家の周辺に母と私が出掛けて行って家族三人で食事するのもいい」とか嬉しそうに話し出した。

私と母はＣＲＡＦＴの勉強会をたった1回受けただけであったが、この「姉の一人暮らし」について「全面的に応援する（最初は拒否していたが）」という姿勢は後で振り返ってみて一つのターニングポイントになったように思う。姉も少なからず一人暮らしの不安を感じていたのだ。私と母が応援する姿勢を示したからこそ、姉のほうからＬＩＮＥの連絡入れる等の対策が出てきたように思う。まさに先述したイソップ寓話の「北風と太陽」のような感じだった。姉の前向きな考えに対して、こちらが拒絶すればするほど態度が硬化していって状況が悪化していく。こちらが応援する姿勢を見せれば、ベストとは言えないかも知れないがお互いの妥協点が見つかっていくと思った。この一人暮らしの支援を機に私と母は「姉を応援する」というスタンスに大きく舵を切った。

母は私が「姉の一人暮らしを支援する」と手の平を返したことについて戸惑いつつも理解を示していた。「ＣＲＡＦＴを始めたばかりで、私も頑張ろうという気になっていただけに残念な気持ちもある」と話していたが、同居するストレスから解放されるということもあったし、姉の新天地に対して前向きとなっていることを応援しようという気持ちもあった。「ここにいても姉は全く出掛けることもなく、1日中テレビの前に座って笑うこともなくテレビを見ているだけ」、「前向きな気持ちになって進んでいけるならそのほうがいいのかも」と母は話した。姉の会社のほうからは私たちと朝晩ＬＩＮＥで連絡して安否確認を取ることと、断酒に向けて木村病院に週1回通うことを条件として借り上げ寮に一人暮らしできるということとなっていた。

　姉の引っ越しの日が近づいてきた。母は「ＬＩＮＥの機能を使えば家族で連絡取り合えるんじゃないの？」、「姉が実家から離れれば私たちとの接点がなくなることだし」と言ってきた。そう言われればその通りだった。スマホ操作に慣れてない母からのファインプレーだった。これを読んでいる方からすれば「当たり前のこと」と言って笑われそうなことだが。この姉、母、私のグループで作った「家族ＬＩＮＥ」がもう一つのターニングポイントである。この「家族ＬＩＮＥ」がＣＲＡＦＴを実践するうえで私たち家族にとって大きな意味合いを持つようになる。「家族ＬＩＮＥ」を用いてＣＲＡＦＴをどのように実践していったか、については折に触れて記していきたい。

とうとう姉は引っ越しを終えて、実家から出て行ってしまった。あれだけ迷惑を掛けられながらも母は少し寂しそうだった。早速、姉から「家族ＬＩＮＥ」にメッセージが入った。「これまでありがとうございました。関東から実家に帰ってきてから、1年半、これまでの人生で一番辛かった。人として自信を失い不安しか感じない毎日だった。ただ少しだけ最近は自信ややりがいを感じられるようになってきた。新天地で新たな出会いや活動について楽しみにしている。まだしばらくは自分らしく生きることしか考えられないかもしれないが余裕が出てくるといいなあと思っている。ありがとうございました」。

姉は実家に住んではいたが、不安や辛さを私や母に打ち明けられずに毎日を送っていたのだな、と思った。私が実家に帰った時も不機嫌な姉の姿しか見ることなく、飲酒の発作を起こすたびに「またか」としか思っていなかったが、姉の気持ちに対する配慮が足りなかったな、とメッセージを読んで自省した。

10・4　一人暮らし

姉は一人暮らし、家族ＬＩＮＥが始まって張り切っているようだった。家族ＬＩＮＥにも「引っ越しの様子がどうだ」とか「何を食べた」とか「どんな店に食事行きたい？」と次々にメッセージが来た。姉から朝と晩にスタンプが送られてくるため、「この調子なら安否確認はできるから孤独死の心配は要らない」と私はホッと安心した。が、その安心も束の間、次の日は朝にスタンプが送られてきたが晩には送られてこなかった。私は心配になり「スタンプだけでも送ってもらえると安心する」とメッセージを入れた。が、いつまでたっても既読にならない。母と相談して姉に電話した。姉は電話に出たが不機嫌そうであり、「何の用事？」と言った。また飲酒しているようだった。私が「朝と晩に連絡入れると姉が約束していた」と言うと、姉は逆上して怒り出した。「私を監視するつもり⁉」、「この忙しいのに１日２回も連絡入れる必要ある⁉」と。私はＣＲＡＦＴの内容を思い出して「決してこちらは感情的にならない」ように意識して答えた。「監視するつもりはないし姉の一人暮らしを応援している」、「姉自身が１日２回ＬＩＮＥを送ると言っていた」、「スタンプ一個だけ送ってもらえるだけで安心するわ」と伝えた。姉の怒りは少し治まり、しぶしぶながら１日２回、スタンプを送ることに再度了承した。

　しかし、姉は慣れない一人暮らしの孤独からか立て直すことが出来なかった。多量の飲酒にて朦朧とした状態で更にアルコールを買いに行くために外出して、自宅のマンションに入ることが出来ず、マンションのエントランスで飲んでいたらしい。そしてそこで潰れて寝ていたようだった。住人が警察に通報して何とか自宅に戻ったらしい。次の日も多量飲酒の影響が残る状態で外出して自宅に戻ってきたが、オートロックのマンションのためエントランスから中に入ることが出来ず、たまりかねたマンションの管理人が借り上げ主である会社に連絡した。姉の会社とマンションは遠く離れていなかったため姉の上司である柴さんが姉のマンションに向かった。姉が一人暮らしを始めた途端に崩れたことが分かっており、また柴さんから私に連絡もあったため私も姉のマンションに向かった。

私がマンションに着くとエントランスに数人の人がいて、何かトラブルで困っている雰囲気だった。「姉のことだ」と私は思った。管理人の部屋の奥に姉の姿が見えたため、私は声をかけた。姉は裸足、上半身は裸、ストールでなんとか上半身を覆っている姿だった。その日の管理人は前日の状況を恐らく知らなかったために警察に通報したようだった。私が到着してからすぐに警官が来たが、「姉はアルコール依存症であり、たびたび多量飲酒する発作を起こすことがあり、鍵を忘れて外出したためにオートロックの自宅に戻れないだけだ」と説明して帰ってもらった。そうこうしているうちに姉の上司の柴さんも到着した。これまで電話やメールなどで何度もやり取りしていたが、直接会うのは今回が初めてだった。柴さんは背が高めで、長年営業職をされていたのか低姿勢で話が上手な印象だった。挨拶もそこそこにして、今のところ姉の様子は落ち着いていることを私は柴さんに伝えた。

柴さんは姉を見て、「大丈夫か?」と声をかけた。姉は「大丈夫です」と答えたが、何故私と柴さんが自分のマンションに来ているのか分からない様子だった。姉は（他のアルコール依存症患者も同じかもしれないが）「取り繕う」のが上手で口が達者である。多量飲酒の影響でまともな判断力は殆ど失われているはずであるが、柴さんに「取り繕って」話をしていた。多くの人が行きかうエントランスで立ち話を続けるのも気が引けるので、とりあえず私が姉を部屋に連れて行き、柴さんはマンションの管理人の方に部下が迷惑を掛けたことについてお詫びすることとした。姉を部屋に送り届けた後、私は柴さんと話をした。私は姉が多量飲酒して潰れているところを何度も見ているため、今日の姉の様子など「調子がいいほう」くらいにしか思ってなかったが、柴さんは衝撃を受けたようだった。職場では仕事上、色々と問題となる言動もあったことはあったが、ここまで崩れているとは思わなかったようだった。恐らく上半身裸で平然とマンションのエントランスをウロウロしていることに会社として看過できないと思ったのだろう。柴さんは早々に「借り上げ寮の引き上げも考えなければならない」と話し、私たちにも多量飲酒が起きた時の対応について協力を求めた。

私は「孤独死を防ぐ」という思いから1日2回のＬＩＮＥによる安否確認をしているが、2回スキップした場合、つまり「朝と晩に連絡が来ない」、「前の晩と次の日の朝に連絡が来ない」場合に姉のマンションに行くというルールにしていると答えた。但し、マンションに行く前に電話を入れて、姉が電話に出るようならマンションには行かないし、私も母も予定が入っている場合は自分たちの予定を優先する、と答えた。この対応はＣＲＡＦＴの内容を鑑みたものである。つまり、姉が多量飲酒で崩れたからといって、その度に私か母が「世話焼き（イネーブル）」しに行くのでは本人の自覚を促すこととならない。しかし、柴さんの立場からすると私たちの対応は「生ぬるい」ように見えるようだった。その気持ちもよく理解できる。このご時世、従業員の不祥事が明るみになれば、すぐに会社の対応について問題がなかったか問われるし、たとえ会社として落ち度がなかったとしても風評被害を受ける可能性も十分にある。ましてや借り上げ寮という形を取っている以上、マンションとの契約は会社がしていることになるので、「何かあったとき」に会社が責任を問われるのは当然である。私としては孤独死を避けたいが、「イネーブルしない」ことも重要だと考えていたため、姉が問題を起こして借り上げ寮を取り上げられるのであれば、それはそれで姉が甘んじて受け入れればよいと思っていた。結局、柴さんとの話し合いは平行線を辿ったが、「私や母が可能な限り協力する」で落ち着き、あとは「発作が起きないことを祈る」ことだった。

今回の騒動は簡単に言えば、多量飲酒もしくはその後に「手ぶらで外出したためオートロックの家に入れない」というだけのことである。酔ってなくても、うっかり鍵を持たずにゴミ出しに行って家に入ることが出来なくなった、といった体験がある人も多いと思う。私もある。そんなときどうしているかと言えば、誰か来るのを待ってエントランスが開いたときに一緒に入っていくか（鍵を持って出掛けていないので部屋の扉に鍵はかかっておらず、必要ない）、非常に急いでいるときはインターホンで住人の誰かに連絡して、「〇号室の〇〇ですが、鍵を持たずに出てしまったので、エントランスを開けてください。申し訳ありません」と言えば開けてくれる。ただ、それだけのことである。が、多量飲酒によって本人が記憶を飛ばして動いているときや、多量飲酒の影響が残っているときは、思考能力が失われているため、その程度の対応ができない。それで姉は途方に暮れてエントランスで右往左往し、また自宅に戻れないイライラを鎮めるためにエントランスで飲酒する、といった行動になる。それと共に、たかだか「誰か来るのを待って、エントランスが開いたときに一緒に入る」だけのことが出来ないのである。それでいて、多量飲酒で潰れてから数日すると復活して何食わぬ顔で職場に行って仕事するのである。そして普通に（完全に普通なわけはないが）仕事をこなすため、柴さんが「多量飲酒後に自宅でこんな状態になっているとは想像できなかった」となるのである。

この「意外と仕事ができてしまう」というところが恐ろしい。そこには二つ大きな問題がある。一つは「アルコール依存症である」という診断が遅れてしまうことである。仕事が（完璧でないにしても）できてしまうため職場で上司が部下をみて「最近、欠勤が多いなー」くらいにしか見えないのではないか。無断欠勤が続けば、さすがに上司も黙ってはいないだろうが、「体調不良で今日は休ませてください」というのが続くだけで、（少しおかしいにせよ）普

に、間違いなく上司は部下の異常に気付かない。ましてそこから「アル
れない」と思う上司がいれば天才である。普通の上司はそんなこと想像だ
ール依存症の影響が顕在してきたときは既に疾患として重症化している可
目は「仕事ができてしまうということ自体」が問題である。少し前に飛行機
が飲酒して操縦していたと報道されて話題となっていた。私の予想だが問題と
士や副操縦士の中で何人かはアルコール依存症を発症していたと思われる。「多く
を預かっている、とても重大な責任がある」ことが分かっており、当然のことながら
飲酒運転もダメなのに、まして飲酒して飛行機の操縦はダメに決まっている）「飲酒して
るのは違反である」ことも分かっていながら「飲酒を止められない」のである。そして、
呼気からアルコールが検出された」と報道される大分前からアルコール依存症を発
もいる気がする。要するにアルコール依存症を発症してしまい、多量飲酒で潰れ
、仕事の時には「何事もなかったかのように取り繕う」ために、周囲が「おか
。多量飲酒後に、姉の例のように思考能力が失われている状態でも「仕事
めに、その状態で飛行機を操縦していた可能性もある。自動
知れないが、私は恐ろしいと思うし、その
の対応について相談した後

ISBN978-4-434-27942-3
C0036 ¥1200E

続いた。柴さんと私が姉のマンションに
ＦＴ勉強会に参加しようとしていた。が、ＣＲＡＦＴ
絶えた。今回も朝晩のＬＩＮＥの連
らが送ったス
して勉強会の当日に電話
。そこで母と相談して母に
強会に参加して
合鍵を持っていたためエントランス
は予想していた通り、鍵がかかってい
す、鍵もかかっていない人の部屋に踏
想定してしまう。緊張しながら部屋
事した。とりあえずは最悪の事態は
ＣＲＡＦＴの内容を踏まえながら声を
じになったから不安やっただろう」、「（姉が）無事だ
かどうかだけ確認しに来ただけだから、すぐに帰るね」と言い、
ない」と決めていたため後ろ髪をひかれる思いではあったが、姉の部屋を後
た

それからも姉の状態は不安定だった。会社もそのまま見過ごすこともできず、柴さんから私や母に度々連絡が入った。母は相変わらず連絡が来るたびに動揺していたが、ＣＲＡＦＴの内

売上
貴店名
売上　月　日
発売　星雲社　文京区水道一―三―三〇　☎〇三―三八六八―三二七五
発行　風詠社
医者の家族がアルコール依存症になったわけ
久野良夫　著
ISBN978-4-434-27942-3 C0036 ¥1200E
定価（本体1,200円+税）

容をしっかり理解して実践することを何度も説いた。問題が大きすぎる以上、アルコール治療の専門家ではない我々が出来ることは、「（主にLINEで）アイメッセージを伝える」、「イネーブルしない」、「アルコール依存症が引き起こした出来事に振り回されない」ことである。それを徹底するように何度も母を説得した。結局、姉が一人暮らしを始めてから3週間程度で実家からの通勤を命じられた。柴さんと相談の上、すぐさま借り上げ寮の契約を打ち切るというわけではないが、当分の間は実家から職場に通勤するという約束となった。

10・5　職場の対応

あれだけ紆余曲折した姉の一人暮らしだったが、わずか3週間で実家に戻ってくることになった。実家に戻ってくることは姉の本意ではなかったため機嫌が良いわけはなかったが、私は姉が戻ってきたことを素直に喜んだ。姉のほうにも変化が現れていた。実家に戻ってくる前後のタイミングで、職場での配置換えがあったらしい。姉がアルコール依存症という問題を抱えているということは会社も十分に把握しているはずなのだが、よく思い切った配置換えが出来たと思う。配置換えにより、姉の裁量の範囲が増える仕事となった。姉は相変わらず仕事に対するモチベーションが高かったため、裁量範囲の広い仕事をあてがわれたことを非常に喜んでいた。実家から職場への通勤は面倒そうであったが、職場では張り切って仕事をしていたらしい。仕事を終えて実家に帰ってくると、その日職場であったことを母に「こんなことがあった、あんなことがあった」と嬉しそうに話していた。母も「以前、実家にいた時は終始つまらない顔をしてテレビの前に1日中座りっぱなしだったが、最近、仕事のことやテレビを見ていても笑顔が見られるようになった」と喜んでいた。

ＣＲＡＦＴの勉強会に数回参加しただけで事態が好転するとは思ってなかったし、今回の姉の変化もＣＲＡＦＴの成果とは思えなかった。姉の場合、たまたま仕事内容が変わり、自らの性に合っていたため仕事を契機にアルコール依存症とうまく折り合いをつけていたように思えた。姉は自身の意志が強いために、自力で這い上がろうという風に見て取れた。ただ、一人暮らしを始めるにあたって、一転して姉を支援する姿勢を見せたことと、一人暮らし中に多量飲酒の発作を起こしてもイネーブルを余りしなかったことはある程度効果をあげていたように思う。少なくとも、私と母は「姉が前向きに頑張ろうとしていることについて邪魔をしない」ということは示すことが出来たと思う。

このところ姉の調子は良かったのではあるが、まだまだ「アルコール依存症」を克服できたわけではなかった。アルコール依存症が治癒したかどうかは本人が死ぬまで分からない（30年間、断酒できていたとしても、そこから一口飲酒すれば振り出しに戻ってしまう）のだが、医療用語でいう「寛解（病状が悪化することなく平行線を辿っている状態）」に持っていく可能性は非常に少ないとはいえ、ある。

この「寛解」と言えるためには少なくとも断酒している状態を1年以上は持続して脳内の神経伝達物質（ホルモン）のバランスを整えないといけない。姉の現在の状態はほんの数週間断酒できているだけで寛解には程遠いし、間違いなく脳内のホルモンバランスは大崩れしたままである。その状態での姉の発言は先述した「メタ認知力」が欠如しており、このメタ認知力が欠如した状態で発言されると聞いている方はイラっとくる。「自分のことを棚に上げて、お前が言うな！」という気分になる。某元首相が軍事施設の移転に関して散々周囲を振り回しておきながら、首相の座を降りてから平気で現政府の対応を批判したときも同様である。現政府の対応の是非はともかく、混乱を招いた張本人である某元首相に対して「お前が言うな！」と思ったのは私だけではあるまい。これ以上、政治的な内容に踏み込むつもりはないが、私が見る限り某元首相は「メタ認知力」が完全に欠落している。自分がこれまでしてきた言動をまるで「なかったかのよう」に、堂々と現政府を批判している。このことを例に挙げると「メタ認知力」が欠如している人が発言すると、「お前が言うな！」と言いたくなる感情が触発されるのが分かる。本人が自分の言動に対して「客観的に（俯瞰的に）見ることが出来ない」、もしくは全く記憶がないために、怒っても無駄である。姉が自分の過去の言動に対して「客観的に」見ることが全く出来ていない様子をみて、「まだまだ道のりは遠い」と私は思った。

しばらくすると姉は仕事での残業を理由に「実家に戻ることができず、一人暮らししていたマンションに泊まる」と言って実家に帰ってこないことが増えた。そして木村病院へ受診する頻度も減っていった。私と母は、姉が「なし崩し的」に約束を反故にしていくことについて何も言わなかった。「実家からの通勤」、「木村病院に2週間に1回受診する」という約束を姉が勝手に破っていくことが良くないと分かっていたが、「そのような選択をするのは姉」であり、「その結果として不都合があった場合は自分で責任を取る（私や母がイネーブルしない）」と思っていたため姉に「〜した方が良い」といった指図は一切しなかった。

当然、そうした自分本位な考え方が根底にあるため仕事自体にも少しずつ「ほころび」が見え始めてきた。自分を客観視することが全くできない状況で仕事をするのだから当然問題が起こる。職場での人間関係も少しずつ悪化していった。

そして仕事に少しずつ「ほころび」を見せて行くにつれて、仕事を休む頻度も増えてきた。家族ＬＩＮＥによって朝晩1回ずつ連絡する取り決めになっていたため、週末に連絡が滞ってくると「また飲酒で潰れているな」ということが容易に想像できた。そして「体調不良」にて欠勤すると柴さんから私のほうに連絡がきた。柴さんから姉は「アルコール依存症であることは分かっている」、「アルコール依存症がとても難しい問題であることも分かっている」、「会社として（姉には）アルコール依存症をきちんと克服してもらいたいと思っているので、飲酒した場合は正直に申告してほしい」と常々伝えられてきた。が、この頃の姉は飲酒を全く認めようとせず「体調不良」のため会社を休むと連絡していた。当然のことながら柴さんも姉の連絡を鵜呑みにして「体調不良なら会社休んでも仕方ないですね」とはならない。姉が飲酒によって出勤できないのは明らかだし、もし飲酒していなくて他の病気による要因で欠勤するのであれば、きちんと病院を受診して診断書を後日提出するべきである。何より「飲酒していない」と嘘をついていることが柴さんは納得いかず、欠勤したときは私に連絡がきた。

柴さんと私の電話による相談は長いときは数時間に及んだ。内容は「休職して治療に専念させるかどうか」、「借り上げ寮の契約を打ち切るかどうか」、「多量飲酒の発作が起こった時、どのように対処するか」だった。柴さんは当然、「会社の名前が出るような不祥事を避けたい」というのが第一に優先される。私は姉がアルコール依存症を克服することを第一に優先して考えていた。ＣＲＡＦＴの内容を鑑みたうえで、私は姉に対して「適切な罰を与えること」が断酒に向かう道だと思っていた。飲酒によって引き起こした問題について、自分で責任を取ってもらう。姉に対して効果のある罰とは「休職」と「借り上げ寮を取り上げる」だった。その両方の手綱を引いているのは会社（柴さん）である。役割分担が有効だと考えていた。姉に「罰を与える」会社（柴さん）側と「受け皿もしくは逃げ道」となる家族側である。姉に対して毅然と厳しく「罰」を与えて断酒の方向に誘導することも必要であるし、その一方で追い込みすぎると姉は逃げ場を失って自暴自棄となる可能性があるため、ある種の逃げ場も必要だと思われた。そもそも「家族（私と母）」は姉に対して効果のある「罰」のカードを持っていない。カードを持っていない以上、切りようがない。有効なカードを持っていない我々が姉に対して拒絶の態度を示せば、姉はすぐに家族ＬＩＮＥの約束も破棄して我々と絶縁してしまい、我々とは音信不通になってしまうだろう。

　柴さんと相談の上、会社は姉に罰を与えるヒール役、私と母は姉の逃げ場という役割とした。そして「罰」の内容についても議論を交わした。本来、姉の会社のことについて私がとやかく口を挟む余地などないのであるが、姉の予後（病気の経過）を改善させることを第一優先に考えていた私は「段階を踏んで罰を与える」ことと「罰を与える条件の明確化」を柴さんに訴えた。アルコール依存症の治療は長期間に及ぶ上、非常に困難であることが分かっているため「段階を踏んで罰を与えること」が有用ではないかと考えた。つまり「罰」カードを複数持ち、適切なタイミングでカードを少しずつ切っていく。カードを1回で全て切ってしまうと手持ちのカード（罰を与える）がなくなるため、次に打つ手がなくなってしまう。当然会社には「解雇」という切り札のカードがある。このカードを早々に切られてしまうと、それ以降は姉に対して有効な罰を与えることができなくなる。「解雇」によって姉が飲酒による弊害を自覚して断酒を決意してアルコール依存症を克服できれば、それも一つの策かもしれないが「仕事を辞めさせられた」だけで簡単に断酒するとも思えなかった。そんな思いから「長期戦覚悟、罰の小出し」を提案した。

もう一つは「罰を与える条件の明確化」である。そもそも（強制ではないが）実家からの通勤と木村病院へ月2回の定期的な受診を命じられていたのであるが、どちらも「なし崩し的に」あいまいとなっていた。要は条件に「隙がある」わけだ。アルコール依存症患者と対峙して思うのは「隙をみせてはいけない」ということである。完全に自分本位の勝手な考え方となっているため、こちらに「隙がある」とそれにつけ込まれる。そしてアルコール依存者本人の心の隙をついて飲酒をしてしまうことになる。一寸たりとも隙をみせてはいけない。「罰」については、あとで姉がどのように取り繕って弁解しようとも言い逃れの余地がないようにお願いした。最近の姉の言い分は「飲酒していない。体調が悪いために会社を休ませてください」である。明らかに飲酒しているのであるが証拠がない。そして「飲んだ、飲んでない」の議論は水掛け論で不毛だ。時間の無駄である。そもそもお酒を飲んでいようが飲んでいまいが、会社が姉に求めることは「時間どおりに職場に出勤して労働力を提供し、時間どおりに帰ること」に尽きる。体調不良により欠勤するのはある程度仕方ないとはいえ（先天的な疾患や悪性腫瘍を除き、「体調不良」をきたすこと自体、自己管理能力が欠如しているだけだと私は思っているが）、無断欠勤は言語道断である。従って、「飲酒の有無に関わらず連絡なしの欠勤」をした場合には「休職して治療に専念」ということを「できれば書面にて」明確にして姉に突きつけることを提案した。私と柴さんの意見に多少なりとも相違はあったが、「姉がアルコール依存症を克服して、職場で与えられた職務を全うする」という同じ目標に向かっているため結論は収まるところに収まっていった。

10・6　家族ＬＩＮＥ

私と母は引き続きＣＲＡＦＴの勉強会に参加して、また家族ＬＩＮＥでは姉が時折見せるサインに対して前向きに応援するメッセージを送っていた。ここで、度々登場する家族ＬＩＮＥについても触れておきたい。姉はいわゆる強制入院となり、断酒せざるを得ない状況に追い込まれている。退院した後、断酒補助薬を使用してアルコール依存症の治療も受けていた。しかし、依存症を克服することは出来ていない。そういった経緯を踏まえていくうちに私は「西洋医学の限界」を痛感するようになった。アルコール依存症は本当のところよく分かっていない。多量飲酒して記憶をなくすまで飲んで潰れる人が「即、アルコール依存症か」と言われればそういうわけではない。私の友人でもそういう人はいる。仕事の都合があれば飲酒しないし、飲めるときには多量に飲んで記憶をなくしたりすることもある。ただお酒を楽しんでいるだけだ。うまく説明できないがアルコール依存症を発症している患者とは明らかに異なる。この「アルコール依存症を発症しているか否か」は本人へのアンケート等で依存度をチェックしたりするが、基本的に「メタ認知能力」を欠き、病識の無い患者がアンケートでどれだけ正直に自己申告するか疑問である。客観的に診断するには脳内の神経伝達物質（ホルモン）のバランスが崩れていること等を数値化する必要があると思われるが、現状、実現できていない。

　そして治療についても「断酒薬や断酒補助薬を飲むだけで治る」わけではない。薬物による治療はあくまで補助的な役割である。脳の一部を切除することも治療候補として一応あるらしいが、確立された治療法とは到底言い難い。つまり「切って治す」、「薬で治す」という典型的な西洋医学が現時点では通用しにくい分野である。そうなると他のアプローチが必要となってくる。その他のアプローチとして家族が患者に対して「どのようにアプローチするか」を示しているのがＣＲＡＦＴである。家族が患者に対して言動を変えることによって患者本人のマインドを変えていくことが出来る。言い換えると「家族がアルコール依存症患者に対して接する言動」自体が治療なのである。

　そう考えた私は家族ＬＩＮＥの内容について吟味し、母が姉にメッセージを送る内容についても厳しく指摘して妥協を許さなかった。これは高齢の母に対して厳しい措置だったかもしれない。が、一人暮らしを強行する姉とコミュニケーションを取る手段は基本的に家族ＬＩＮＥのみである。そうするとＣＲＡＦＴの内容に沿ったコミュニケーションを取るためには家族ＬＩＮＥのメッセージの出来如何に関わってくる。私は母に何度も説いた。「西洋医学の守備範囲には限界がある」、「木村先生に『あとはよろしく』という態度だと姉がアルコール依存症を克服することはできない」、「私と母が家族ＬＩＮＥに送るメッセージが治療薬そのものになる」と。

　母には「自分が姉を治療する」という自覚がなかった。どこか傍観者なのだ。「自分が変わることで姉の意識を変容させる」、という意識は希薄だったし、もっと言うと「姉が断酒をするのに対して、何故自分を変える必要がある？　自分を変えてまで、したくはない」と言わんばかりだった。私も姉がアルコール依存症を発症していなければ「母が意識を変えること」を強要しようとは思わない。アルコール依存症を発症しているかどうかに関わらず、「他人を変えようとすることなど時間の無駄」だと思っている。「変えることが出来るのは自分だけ」だ。「自分が変わることにより相手の変容を促す」のである。大体、アルコール依存症の患者の治療など答えは初めから分かっている。「お酒を飲まないこと」、これだけだ。答えだけ聞けばこんなに簡単なことはない。そして「お酒を飲むな」と一言伝えて姉が断酒できるなら誰も苦労しない。それができないから周りの人間が変わることにより本人の変容を促す、という回りくどい方法を取らざるを得ないのだ。

まずは母のマインドを変えることから始まった。ここに家族ＬＩＮＥというツールが大きく役立った。まずは「アイメッセージ」を徹底させることである。通常の会話だと、会話のキャッチボールが優先されるために言葉を選んで熟慮している時間がない。しかし、メールやＬＩＮＥのメッセージだと時間をゆっくりかけて適切な言葉を選ぶことが出来る。そこで私は母に「私は～と思う」と「私」を主語にしたメッセージを送るように徹底させた。これも一朝一夕に実現できたわけではなく、姉から来たＬＩＮＥに対して即答してしまい、「アイメッセージ」の基本が守られていないことも多々あった。「即答する必要はないのだから」と何度も私は言った。大体、現代の社会を生きていくうえで「刹那的に行動」して良い結果が生まれることは殆どない。そんな反射神経のような対応を必要とされるのはスポーツの世界くらいだ。橘玲さんの著書によると人間の思考は二段階となっているらしい。一つ目は刹那的で瞬発力を必要とする思考、二つ目は論理的で熟考を要する時間がかかる思考である。人間自体の能力は石器時代と大差なく、石器時代には野生の動物や天災などによる一つ目の思考も必要不可欠であった。その瞬発力のある思考がないと、すぐ命に直結するからだ。しかし、高度に文明が発達した現代日本では普通の街で生活していて野生動物に襲われるといった危険はゼロに等しいし、「熟慮を重ねた人が、人をだます危険」のほうがはるかに多いので二つ目の思考が要求される。そんなことは経済的に成功している人を眺めていればすぐに分かる。まずはこの現代社会であまり役に立たない「刹那的な」行動を止めて熟慮を重ねて姉にメッセージを送るよう、母に何度も説明した。

次はアイメッセージだ。日本語は主語を省略することが多いので、主語を欠いていたとしてもアイメッセージとなっていたりするから、そこの文法について母に説明するのは容易ではなかった。単に姉に「〜して欲しい」といえば「私が〜欲しいと思っている」わけなのでアイメッセージである。しかし、「主語を抜くが内容はアイメッセージ」という文章を作るのは一段階ハードルが上がるように思えたため、まずメッセージの最初に「私は」をつけることを母に徹底させた。たどたどしくなるが仕方がない。母が姉に送ったメッセージの例を挙げると、「私は姉が頑張っている姿を見て嬉しく思っているよ」。どこか変な感じのする日本語だと思う。が、たどたどしくても姉の心に響くうえ、「母も自分を変えようと頑張っている」という姿勢が伝わるため「良し」とした。

そして「頑張って」とか「気を付けて」といった、ささいな挨拶も控えてもらった。「頑張れ」という言葉が状況により禁句となることは医師国家試験を受けた人なら、よく知っている事実である。うつ病などの精神疾患を抱えている患者に「頑張って」と励ますのは禁忌とされている。患者は既に十分頑張っているため、更に「頑張って」と励ますことは、「既に頑張っている患者」を追い詰めるとなるため「言ってはいけない」とされている。同様に「気を付けて」も母に使わないよう指導した。丁寧な言い方であるが「気をつけろ！」という命令形である。「気を付けて」と言う母の根底にあるのは「心配」だ。つまり姉が旅行などに行くとメッセージが入った時に「怪我をしないか」とか「旅行先でまた飲酒しないか」と心配になり、その結果「気を付けて」という言葉が出てくる。母自身が自分の根底にある感情を探って、正直に描出するよう指導した。「怪我しないか心配している」とか「楽しんで無事に帰ってきて欲しい」という言い方にすればアイメッセージとなる。細かいと思われるかもしれないが、このアイメッセージのルールについて徹底した。はっきり言って「気を付けて」と言おうが「怪我しないか心配している」と言おうが大差ないと思っている。が、「アイメッセージを常に意識すること」と「アイメッセージを使うことで相手の領域に踏み込まないこと」が自然と身に付いて、母の考え方が変わってくると思ったからだ。

　家族ＬＩＮＥで私や母が姉に対して送るメッセージは「その都度、薬を処方するようなもの」と私は捉えていた。つまり「薬を処方する」以上、疾患に対して効果のある薬を処方しないといけない。そしてメッセージの内容によっては症状を悪化させる（私や母との関係を悪化させたり、イネーブルによって姉の自立を妨げる）可能性がある。そのため、高々ＬＩＮＥにメッセージを送るだけであっても、内容を熟考するよう母に求めた。場合によっては、一度母が私に姉に送る用のメッセージを送ってきて、それに対して私が添削して母に送り返し、その内容を母から姉に向けて送信する、という、とても面倒なことまでして家族ＬＩＮＥの内容について細心の注意を払った。本当に地道で地味な内容ではあるが、アルコール依存症という強大な敵を一発で倒すことは不可能なため、ボクシングで例えるなら「ひたすらジャブやボディーブローを打ち続けて」敵と対峙した。この地味な家族ＬＩＮＥによるジャブやボディブローは姉が断酒を踏み切るのを少しずつ後押ししていったように思う。

11　諸刃の剣

この章について書き進めるのはあまり気乗りがしない。しかし、アルコール依存症という病気を対応するうえで問題となりやすい点とも思えるため記載することとした。

大発作を起こして、これまでの姉が気に入っていた仕事を外されたため、また多量飲酒の発作が近々起こる予感がプンプンしていた。会社の方からも休職や借り上げ寮の解約など予断を許さない状況となっていた。が、姉の方は私や母の心配をよそに割と機嫌のよいメッセージや画像を家族ＬＩＮＥに載せるようになっていった。「どんな神経しているのだろう」と思ったが、原因はすぐに分かった。どうやら姉に彼氏が出来たようだった。そのことで機嫌がよくなり、柴さんの説教など「どこ吹く風」と他人事のように聞き飛ばしていたようである。それからしばらくの期間、姉からの家族ＬＩＮＥは美味しそうな料理の画像や旅行先の画像など、いわゆる「リア充」をアピールするようなメッセージが多くなった。

本来なら喜ばしいことだとは思うが、正直言うと私は「うんざり」だった。先の展開がありありと読めるためである。元々、社交的、かつ断酒していない状態の姉が男性と付き合うとなると、十中八九、お酒の席で知り合ったに決まっている。これからアルコール依存症を克服していくためには「（節酒ではなく）断酒」が何としても必要であり、それを実現するのは並大抵のことではないことも分かっている。そこに「お酒の席で知り合った男性」と付き合うこととなれば、お酒ときっぱり縁を切ることなど「夢のまた夢」だ。そして付き合うことにより、ただでさえ気分の変動が大きく、躁状態から鬱状態まで大きく振れて、その度に多量飲酒（とくに「鬱状態」のとき）の発作を起こしていたのに、ケンカや別れ話の話が出れば、いつもより更にビッグウェーブとなって大発作が起こるに決まっている。「はぁー」っと私はため息が出た。

本書を読んでいる方も「うんざり」するに違いない。そんな理由から私は書くことの気が進まないのである。しかし、このアルコール依存症と恋愛というのも、（発症年齢によるかもしれないが）「切っても切れない縁」にあるため姉の経過を紹介している。

姉のアルコール依存症の経過を振り返ってみると、「孤独」というのは重要なキーワードである。そもそも発症したきっかけの一つは「孤独（もしくは孤独感）」だと考えられる。発症した時は家族がいたわけであるが、幼い子供たちに「自分の気持ちを共感してもらう」のは不可能だ。幼い子供たちに対するのは、あくまで「育児」であり、「誰にも自分の気持ちが分かってもらえず（孤独感を感じながら）」に家事や育児に奔走していた。職場で多くの人と話す機会があったかもしれないが、それも「仕事上の話」に限られる。結局のところ職場や家庭で多くの人と会話はあったが、自分の辛さや弱みについて共感してもらえることがなかった。そして飲酒することが唯一心の隙間を埋めてくれていたのである。これは姉に限らず、仕事とワンオペ育児に奮闘して、頑張りすぎて「鬱病」を発症された方や姉と同じようにキッチンドランカーとなってアルコール依存症を発症する働き盛りの女性の方も同じように感じておられるかもしれない。

そしてＣＲＡＦＴでも、その重要性について触れられている。「イネーブルしない（尻拭いしない）」という毅然とした態度を取る重要性だけでなく、要は「アルコール依存症患者とのコミュニケーションの取り方」について述べられている。つまり、アルコール依存症は「良好なコミュニケーションを取って、本人を孤立させない（孤独感を感じさせない）」ことが、とても大事なのである。

動物を対象とした以下のような実験がある。ラットにヘロイン（だったと思う）を投与して薬物依存の状態にさせる。ボタンを押すとそのラットにヘロインが投与されるようなボックスを用意する。そして一匹のみラットを入れたボックスと、数匹ラットを入れたボックスを入れて様子を見る。すると、一匹のみのラットはボタンを何度も押してヘロインを欲し、遂には死に至るまでボタンを押し続ける。一方、数匹仲間がいるラットは最初ボタンを押してヘロインを欲するが、徐々にボタンを押さなくなり、薬物依存症から離脱できるのである。ラットと人間を同列に語ることは出来ないが、「孤独」というものが依存症の形成に関与している可能性は示唆される。「孤独」というものを味わせる拷問も存在するくらいだ。「孤独（もしくは孤独感）」というものが人間にとって如何に苦痛であるか想像に難くない。

　この「孤独、もしくは孤独感」を払しょくするのに手っ取り早い方法の一つが恋愛である。良い面を挙げると、「恋人のために頑張ろう、努力しよう」といったモチベーションとなりうる。「グデグデに酩酊したみっともない姿をさらしたくない」と思えば過度の飲酒を防ぐことにもなる。そもそも恋人と良い時間を過ごせるのであれば、孤独感を感じないので飲酒に走る必要もない。確かにこういった恋愛による良い側面もある。うまくいっているときは全てうまくいくものである。当事者たちはこの先、何一つ問題が起きてこないように錯覚する。が、付き合いが深くなると些細なことでケンカすることもあるだろうし、すれ違いが増えれば別れ話も出てくる可能性がある。一般の人であっても「恋人にフラれてしまって、ヤケ酒を飲む」なんてことはよくある話であるし、アルコール依存症の患者が同じような状況になれば、どれほど荒れるのか、想像するだけで恐ろしい。

その他にも懸念されることは、「恋愛自体に対して依存する」ことである。寄りかかるものをアルコールではなく恋人に変えただけ。結局のところ本当の意味での「孤独、孤独感」を克服して自立するのではなく、別のものに依存してしまっているだけである。ＬＩＮＥメッセージを送ったら「既読」になっているかどうか、返信があるかどうか気になって気になって仕方がない。断酒が出来ていない状況で、かつ、恋愛で恋人に寄りかかっているようなスタンスであれば、ちょっとしたことで直ぐに倒れてしまうのは目に見えていた。

定期的に私と母がＣＲＡＦＴの勉強会を受けているときに山田さんにも近況を伝えた。山田さんも私同様に「うんざり」したような表情を浮かべた。やはり山田さんの経験上においても、「恋愛は事態を好転させたことはない」とのことだった。私同様、「うまくいっているときは良いが、恋人と別れ話が出た時にアルコール依存症が悪化する可能性が高い」ことと「今の状況で恋人が出来たとしても長続きする可能性が低い」と仰っていた。

客観的に見て、今の状況で姉に恋人が出来たことはアルコール依存症を克服する上で妨げとなる可能性が高かった。が、かといって私や母に出来ることも特になかった。ＣＲＡＦＴでは「イネーブルしないこと」を説いている。姉が自ら考えて「誰と付き合うか」と決めたことに対して我々が口を挟む余地はない。付き合うことに反対したところで姉と我々の関係が悪くなるだけだと思った。そもそもアルコール依存症でなくても「恋人が出来て浮かれているヤツ」に「何を言っても無駄」である。こちらが介入したとしても状況を悪化させて、また無駄に疲弊するだけであるのは分かっていたため、「必ずどこかで爆発する爆弾を抱えている」ということを分かりつつ静観することとした。

姉はしばらく小康状態を保っていた。家族ＬＩＮＥも朝夕、殆ど欠かさず送ってきており、仕事を欠勤することもなかった。私や母も姉のことで一喜一憂することもなく、平穏に過ごしていた。爆弾を抱えていることは分かっていたため、姉が会社から借り上げ寮を取り上げられて実家に戻ってくることを想定して、今一度ＣＲＡＦＴの内容をよく勉強して実家での受け入れ態勢を整えるよう、母に何度も説いた。母もそれに応えて「私は」を主語にしてメッセージを送るように努力していた。そんな折、姉から急に「夕食を食べに行こう」とのメッセージが入った。何か予定を急かされるような誘いだったため、あまり良い予感はしなかった。恋人を我々に紹介して、「再婚する」とか言い出すんじゃないか、と思った。姉の恋人のことについては余計な詮索をしなかったため、どんな人であるのか分からなかったが、「お酒の場で知り合って、姉が断酒するのに妨げとなる」と考えていたため、良い印象は持っていない（明らかに先入観であるが）。姉がどんな意図で食事に誘ったのか、よく分からないので「どんな格好をしていけばよいか、何を話せばよいか」から迷った。

　しかし、せっかく姉から誘ってくれた貴重な食事会なので母と共に指定された場所へ向かった。指定された場所に着くと姉は一人で待っていた。内心ほっとした。何はともあれ久しぶりに姉と再会するのと、姉の元気そうな姿を見ることが出来て私と母は喜んだ。姉は終始ご機嫌で、饒舌だった。姉はテーブルに着くとワインを頼み、食事について仕切り始めた。断酒できていないことは予め分かっていたため私も母も何も言わなかった。少し「躁状態」となっているように思えたが、基本的に前向きに頑張っていることが見て取れたため、悪い気はしなかった。ひと段落ついたところで恋人のこととアルコールのことについて聞いてみた。姉の話を聞いていくと、当初予想していたような「恋愛に依存している」ようには思えず、「距離が離れていて仕事の都合もあるため、たまにしか会っていない」と話したため少し安心した。飲酒については「断酒をせずに、節酒してお酒と上手く付き合っていく」と話していた。私は「今は恋愛がうまくいっているから良いが、ケンカしたり別れたりしてアルコールに助けを求めるような状況になったときはどうするのか」と聞いてみた。姉は「これまでは何もなかったから（多量）飲酒せざるを得なかった。今は仕事や他の活動など、やりたいことが沢山あるためアルコールに逃げなくて済む」と答えた。この日の三人の会食は和やかに進み、姉は飲酒していたが多量に及ぶことはなく晴れ晴れとした気持ちで終わった。予断を許さない状況には変わりないが、この日に限っては取り越し苦労だった。

この会食の後しばらくは小康状態を保っていた。思ったより長く安定していたように思う。が、案の定、体調不良（飲酒によるものか定かではない）をきっかけに大発作が起こることとなる。そしてそこから姉は断酒を決意することとなるが、大発作を起こすきっかけはやはり恋愛がうまくいかなかったためであった。姉が色々なことについて前向きに、活動的になるきっかけは恋愛によるものと思う。しかし、恋愛がうまくいかなくなったときは確実に返り討ちに遭う。アルコール依存症という疾患をそのパートナーが十分に理解を示してくれる場合には症状が好転することもあり得る。しかし、「何かにすがりつかないと生きていけない」といった依存的な姿勢で刹那的な恋愛をした場合、一時的にハネムーンのような安堵感が得られ、その後、奈落の底に叩き落される。アルコール依存症における恋愛はまさに諸刃の剣であり、最終的には自身にダメージが大きく降りかかってくる可能性が高い剣である。ご多分に漏れず、姉は奈落の底に叩き落された。周囲の予想どおり恋愛が失敗して大発作を起こし、そして姉が断酒を決意する過程については次章に譲ろうと思う。

12　断酒への決意

12・1　節酒

姉の誘いにより家族三人で和やかな会食をした後、しばらく平穏な状態が続いた。事実、家族ＬＩＮＥに姉から朝晩２回の連絡は滞りなくあったし、会社の柴さんからも連絡は来なかった。母とは「姉は断酒できているわけではないが、『節酒』という形で何とか乗り越えようとしている。『節酒』でうまくいくとは思えないが、姉が『節酒』を選択して折り合いをつけようとしている意志を尊重しよう」と話し、「今は恋愛がうまくいって平穏に過ごしているが、必ず爆発する爆弾を抱えているようなものだから、また発作は確実に起こる。私と母は自分たちが出来ることに注力してＣＲＡＦＴを今一度勉強して発作に備えよう」と言って再度確認した。

数か月経ち、やはりと言うべきか柴さんから私に「姉が欠勤した」という連絡があった。その日は家族ＬＩＮＥに朝連絡が来ていたし、会社にも無断欠勤ではなく「体調不良」との連絡があったうえでの欠勤だったため会社的には「お咎めなし」だった。柴さんも、「この数か月は一度も欠勤することなく頑張っていた」と一定の評価を示していた。私と母も姉が数か月よく頑張ったと思ったが、「崩れだしたかも知れない」という予感がした。家族ＬＩＮＥで姉に「大丈夫か？」と尋ねた。姉は病院を受診したようで「彼氏に迎えにきてもらう。合鍵を彼氏に渡してほしい」と返ってきた。相変わらずの自分勝手な言い方だったため、「病気なら彼氏じゃなくて家族が付き添わないといけないこともあるし、会社の借り上げ寮の鍵を簡単に彼氏に渡すことはできない」と私は返信した。姉からは体調不良もあってか、イライラした様子が伺えるＬＩＮＥ内容だった。アルコール依存症の疾患による自己中心的な考えが垣間見え、「節酒」によってアルコールと折り合いをつけるという姉の考えに限界がきているように思えた。

この間、私と母は月に1回、木村病院を受診してＣＲＡＦＴの勉強会に参加、木村先生との話を続けていた。もちろん先生やスタッフの山田さんも手をこまねいていただけではなかった。「節酒」ではなく「断酒」が必要なのも重々承知である。しかし、家族三人で実施している朝晩の家族ＬＩＮＥが一定の効果を上げていることを評価して下さっていた。アルコール依存症を発症すると「節酒」ではコントロールが効かないわけであるが、朝晩1回ずつ家族皆がＬＩＮＥでスタンプを送付するのは定着しており、姉も「ＬＩＮＥを送らないと」という義務感が出ているのは確実だった。恐らく、飲酒したときも「ＬＩＮＥしないと」という思いはあり、何とか送ってきていると思うことも多々あった。そして「その義務感がアルコールの量を少し減らしている」と先生や山田さんが仰っていた。確かに、週末に「崩れているな」ということは多々あったが、週明けまでに立ち直って出勤していたし、崩れた時も立ち直りが早くなってきているように思えた。当然、私と母は姉が「断酒する」ことを望んでいるわけであるが、水前寺清子の歌にある通り「三歩進んで二歩下がる」心構えで、以前と比較すれば着実に一段一段上がっていると思って焦らずに見守っていった。

　姉が体調不良で欠勤してから1か月程度、姉は恋愛がうまくいっていたのであろう、リア充を伺わせる画像やメッセージを度々家族ＬＩＮＥに送ってきていた。ある朝、姉から家族ＬＩＮＥに連絡が来なかったため柴さんに確認すると無断欠勤しているとのことだった。柴さんはここ数か月の頑張りを評価しつつも、「断酒」について見通しが見えないことについて憂慮していた。ここ数か月、私と母にとっては平穏な日々を過ごしていたわけだが、姉は「節酒」で折り合いをつけようとしていたため、アルコールは抜けることがなく脳内のホルモンバランスも崩れっぱなしとなっていることは容易に想像がついた。多量飲酒による酩酊を起こしていなくてもアルコール依存症を発症して脳内のホルモンバランスが崩れていると、典型的な思考パターンとなる。「易怒性、短視眼的、自己中心的」、つまり「怒りっぽく」、「長期的な視点で物事を捉えられず場当たり的な行動を取り」、「自分勝手な振る舞いをする」のである。精神疾患を発症していなくてもこういった思考パターンの人は職場にいるかもしれないが（苦笑）、アルコール依存症を発症していると顕著に表れる。そしてアルコール依存症は発症してからしか姉を知らない柴さんにとってみれば本来のパーソナリティ（性格）によるものなのか、アルコール依存症によるものなのか区別がつかないのである。姉の過去を知っている家族にとってみれば本来の姉でないことは分かる。が、過去を知らない者からすれば無理からぬことであろう。

こういった経緯もあり「飲酒していようがいまいが、無断欠勤した場合は休職。2週間に1回木村病院を受診、できていなければ休職。休職すればアルコール依存症の治療に専念する」という約束が姉に突きつけられていた。今回の無断欠勤により姉の休職は目前に迫っていた。姉は節酒により数か月持ちこたえていたのだが、今回は崩れだして歯止めがきかない予感がした。私と母はいつものように木村病院に行き、ＣＲＡＦＴの勉強会に参加した。姉が崩れだしてきたため「ＣＲＡＦＴの内容について今以上にレベルを上げる必要がある」、そう私は感じていた。このままいくと姉の休職は免れないのは確実だったし、休職となると会社から「実家で療養の上、治療に専念」という条件がつくと予想された。これまでＬＩＮＥ上でのやり取りであったため、姉からのメッセージに返信する際、母がメッセージを送信する前に一度私が添削してから送信する、といった時間的な余裕があった。しかし、実家で療養となるとお互い顔を突き合わせて話をしないといけない。添削などしている余裕はない。そのことを母に伝え、もう一度「アイメッセージ」の確認からするようにお願いした。

　母は今回ＣＲＡＦＴの勉強会で山田さんに質問していた。「なぜアイメッセージを使う必要があるのか。丁寧な言い方であっても命令形は使わないほうが良いのか」。山田さんは次のように答えた。「アイメッセージを使うことにより、『私は～と思っているが、あなたが～と思うかはあなた次第』という風に伝えることができ、あくまで『あなた』に選択権があるように伝えられる。つまり『あなた』の領域に必要以上、踏み込むことがない」、そして「母は当然、姉の親であり、いつまでも姉のことを娘（子供）と思っているかもしれないが、自然に考えれば親の方が先に亡くなり、いつまでも娘（私の姉）の面倒を見続けられるわけではない。姉が母に頼らずに自立していかないといけない」。母にはこの言葉が深く突き刺さったようだった。「確かに私がいつまでも娘（私の姉）の面倒を見続けられるわけではない」と母はつぶやいた。

　折しも、今回ＣＲＡＦＴの勉強会に私と母が参加した日、姉は無断欠勤していた。次の日、姉から家族ＬＩＮＥに電話があった。こんなことは初めてだ。家族三人でＬＩＮＥによるグループトークが始まった。察するに、姉は無断欠勤について会社で問われ、そのことが気になって我々に連絡してきたのだと思う。姉は「お酒を飲んでいない」と言い始めた。私はそれに応え、「姉が飲酒しているかどうか確かめようもないし、気にもしていない。そして休職になるかどうかは姉と会社の問題であって、私や母は関与していない。飲酒による無断欠勤など、自ら招いた事に対しては自分で責任をとるべきだと思う」と言った。母は前日に山田さんに教えてもらったことを踏まえ、「これまで私は姉に対して干渉しすぎることもあり反省している。私もいつまでも姉の面倒を見続けられるわけではないし、過剰に干渉して自立を妨げるようなことはしないようにする。休職となれば残念だが姉のことは応援しているよ」と話した。

母の言葉は姉の心に強く響いたように思えた。姉は真剣に聞いていた。母と私で1年程度ＣＲＡＦＴを実践してきたわけだが、ＣＲＡＦＴが言うところの「適切なタイミングで、効果のある内容を言う」ということが出来たと思った。私も母もＣＲＡＦＴを実践する前は、アルコール依存症の患者家族が取る典型的な言動パターンに陥っていたし、その結果、姉の信頼を得ることが出来ず軋轢が広がるばかりであった。ＣＲＡＦＴを実践してから、まず私が姉との関係を修復することが出来た。しかし、姉が母に対する不信はなかなか取れず、「溝をどう埋めるか」に私は頭を悩ませていた。しかし今回は、先日の山田さんが母に伝えた言葉により、ようやく母も「アイメッセージ」の重要性を理解し、また、それをすぐに実践で（しかもＬＩＮＥの文章ではなく、口頭で！）姉に伝えることができた。伝えるタイミングも良かった。姉の場合、飲酒の大発作の数日後に恐らく「また飲んでしまった」という自責の念にかられていたのだと思う。このタイミングは言わば「姉を操っているアルコールという悪魔が少し弱っている状態」である。そのタイミングで母による強烈なボディブローが悪魔の横腹に突き刺さったように見えた。この日を機会に、私と母と姉の三人でアルコール依存症と戦っていく土台ができたように思う。

12・2　大発作

私が感じた手ごたえとは裏腹に姉は会社から「休職」を命じられた。そして、「節酒で何とか折り合いをつける」という状態から一度破綻してしまった姉は再度飲酒の発作を起こしてしまい、これまでのように家族ＬＩＮＥが途絶えた。今回の発作は大きかった。しばらく姉からの連絡が途絶えたため、「実際に様子を見に行くしかないな」と思った。様子を見に行くことは「イネーブル」になるかも知れないが、最悪の事態である孤独死を避けるためだ。そう思っていたところ、姉から私に電話があった。やはり恋愛がうまくいっていないことが原因のようだった。感情の起伏が激しく、冗談を言うようなこともあれば、真面目にシリアスな内容を言うこともあり、号泣している姉の話を黙って聞いていた。姉は泣きながら「家に来てくれ」と言った。「今から?」、私は飲んでいないので車で向かおうと思えば行けなくもないが、夜は遅いし明日仕事もある。どうして来てほしいのか姉に聞いた。「とりあえず来て」と姉は繰り返すばかりだった。そうするうち、明らかに何かを飲んでいる音が聞こえてきた。それも一気に多量に飲んでいるようだった。お酒に間違いなかった。姉に言った。「姉が困っているときは助けるが、お酒を飲んでいるのなら話はしない。明日、お酒を飲んでなかったら家まで様子を見に行く」。そして電話を切った。

次の日、私は仕事が終わってから姉のもとへ向かった。久しぶりに行く姉のマンションだった。前日に電話で話をしたとはいえ、どうしても最悪の事態を想定してしまうため部屋に足を踏み入れるのは緊張する。案の定、ドアに鍵はかかっておらず部屋に入ることが出来た。姉はベッドに寝ており、部屋には掻きむしった髪の毛が散乱していた。とりあえず生きていたため少し安心した。姉に声をかけると返事したため、買っていった水とビタミン剤を飲むように促した。「昨日、電話で来いって言っていたから様子見に来たよ」と言うと姉は驚いていた。私に電話したことも覚えていないようだった。昨日、多量に飲酒したせいか今日は飲んでおらず、少し冷静になっているようだった。

姉は昨日と同様、感情の起伏が上がったり下がったりジェットコースターの様だったが、私が来たためか少し落ち着いていて色々と話してくれた。彼氏のことや、これまで頑張ってきたこと、父のことや祖母のことを話してくれた。姉は昔、転倒して骨折したことがあり、その時に父が駆けつけてくれたことについて涙を浮かべながら語っていた。仕事のことについても語っていたが、私の心配を他所に恋愛の優先度が高いように思えた。仕事や借り上げ寮については「待ったなし」の状況であるため、そのことについて聞いてみたが「仕事は復帰したい。今の場所で一人暮らしを続けたい」と言うばかりで、隣人に迷惑が掛かっていることについて、今一つ自覚があるように思えなかった。とは言え、割と落ち着いて冷静に話をする姉を見て私は少し安心できたし、また明日も自分の仕事があるために自宅へ帰ろうと思っていた。

が、突然姉は「私、死んでしまった方がいいかもしれない。っていうか、死にたい」と言い出した。不意を突かれ私はうろたえた。「まずい！」と咄嗟に思ったが、平静を装って「なぜ死にたいと思うのか？」と聞いた。「私は誰からも必要とされてない」といった主旨の答えが返ってきた。私はどういう行動を取るべきか迷った。こういった局面に立たされるところがアルコール依存症の患者家族の悩ましいところである。

　私は母に「投薬や手術といった一般的な西洋医学ではアルコール依存症の治療に限界がある」、「家族ＬＩＮＥで姉に掛ける言葉一つ一つが薬の代わりになる」と何度も口にしてきた。逆に言うと家族の言動によって症状を悪化させることにもつながるわけである。目の前で「死にたい」と姉が言っている以上、私の言動により自殺を促してしまう結果にもなりかねない。

「どうしよう」。取りあえず平静さを装いながら姉に断りを入れ、木村病院に電話で相談することにした。餅は餅屋だ。自殺念慮がある場合、どのように対応すべきかプロに尋ねるのが一番だと思ったからである。しかし、木村先生にはつながらなかった。困ってしまった。その日は実家に帰る予定をしていたし、次の日も朝早くから仕事の予定だったため正直帰りたかった。しかし、自分が帰ったあとに「ほんの出来心」だったとしても姉が自殺するようなことがあれば一生後悔するに違いない。私は腹をくくり朝まで姉に付き添うことにした。

私が姉の部屋に着いた頃は比較的落ち着いて冷静に会話していたが、自殺念慮が出だした頃から姉は悶え苦しみだした。多量飲酒後の不快感である。じっとしていることが出来ず、狭い部屋の中を行ったり来たり歩き出した。不快感からか「外に出たい」と言うのでついていった。マンションを出てしばらく歩いていたが、やはり気持ち悪いのか「家に帰る」と言い出した。私は姉のマンションの合鍵を持って出たが、当然のことながら姉は鍵を持たずに出てきておりオートロックのマンションに着くなり入り方が分からなくなってしまっていた。「どうやって入ればいいの？」私は姉に聞いた。私が答えずにいると姉はマンションの周りをウロウロし出した。いつもこんな感じで部屋に戻ることができず、エントランスで座り込んでしまうのだな、と思った。結局、私が合鍵を使って部屋に戻った。一見、普通な様子に見えるのだが思考能力は大きく失われているのを実感した。

部屋に戻ると少し食欲が出たのか、私が買ってきたものを食べ始めた。しばらくすると気持ち悪くなり、トイレに行って嘔吐した。トイレから戻ってくると姉は汗びっしょりで水を飲んだ。そして部屋の中を歩き回り、しばらくするとトイレに行って嘔吐、戻ってきて飲水、を繰り返した。その合間に私と色々と話をした。感情の起伏があるため、ややもすると「死んだ方がいい。死にたい」と言うため、私は「なぜそう思うか」尋ね、「姉を必要とする人はいっぱいいるよ」と伝えた。姉は「いつも笑顔でいたい。笑っていたい」、「私は頑張っているのに何故かうまくいかない」とも言っていた。「どうしてうまくいかないのか」と私は尋ね、「うまくいかないようにしているのはアルコールなのでは?」と誘導した。アルコールを飲むことによるメリットとデメリットも聞いてみた。姉が飲酒に走る一番の原因は「不眠」だと答えた。飲酒によるデメリットについても挙げてもらった。また、仕事を続けることや今の一人暮らしの生活を続けるために、どうしたらよいか姉に聞いた。何度となく話し合い、明日、木村病院を受診することや隣人に迷惑を掛けたことについて謝罪することを引き出した。休職となった今、アルコール依存症の治療に専念するため、実家に戻ってくることも提案したが、それは頑なに拒否した。

そして、私は次の日の仕事が早いため電気を消して寝させてほしいと姉に頼んだ。姉はそれを快諾してくれたし、私が姉の様子を見に来たことについて感謝もしてくれた。とは言っても消灯してからも姉の格闘は続いた。私は地べたに横になり、努めて寝ようとしたが、姉は不快感から真っ暗な部屋の中を行ったり来たり徘徊し続けていた。そしてトイレに行っては嘔吐、戻ってきて飲水、徘徊を繰り返した。暗闇に目が慣れてきた私は、真っ暗な中で歩き続ける姉を見て「ホラー映画さながら」だと思った。時折、寝ている私の足を踏みつけるため、まともに睡眠を取ることなど到底不可能だった。この夜こそが冒頭の序章で書いた「地獄の中」である。

12・3　断酒

夜が明けた。姉は一睡もできず眠れぬ夜を過ごしたようだった。不快感は幾分治まったようであり、また自殺念慮もなくなっていたため私は仕事に行った。姉は私に感謝の言葉を述べ、その後に木村病院を受診したようである。そして、その日家族ＬＩＮＥに姉から「実家に帰る」とメッセージが入った。驚いた。実家にいるときは何としても一人暮らしをしようとしていたし、一人暮らしをしてからは頑なに実家に帰ることを拒んでいた姉である。自発的に実家に帰ろうとするのは予想外だった。そして姉が実家に帰る途中、外出していた母と偶然駅で出会い、一緒に帰ってきたそうである。血のつながっている母と娘、やはり何がしかの運命を感じずにはいられない。

姉は戻ってきてから1週間程度、実家で過ごした。そして1週間に2回程度の割合で木村病院を自発的に受診するようになった。私が姉に付き添った大発作の「地獄」から3日後、姉が木村病院とその後の食事に私と母を誘った。断る理由などあろうはずがない。三人で木村病院を受診した。私が姉に付き添った「地獄の夜」の翌日、姉は私が促した通り木村病院を受診したのだが、一夜明けても不快感がひどく、死に物狂いで木村病院まで辿り着いたようだった。そして「何故かうまくいかない原因」が飲酒のせいであることを少しずつ認識してきて、「断固たる決意」まで至らないが自分の意志で「断酒」することを決め、断酒薬（一般名：ジスルフィラム・シアナミド）の内服に同意することとなった。

木村病院を三人で受診した後、近くのレストランに向かった。半年ぶりに家族三人での食事である。姉の顔は晴れ晴れとしていた。ほんの1週間前に地獄の底で悶え苦しんでいたとは思えない様子だった。髪の毛を掻きむしり、震える手で水を飲んではトイレで嘔吐を繰り返し、「死んだ方がいい」と言っていた状態を目の当たりにした私にとって、そこからたった1週間で無事生還できたのは奇跡に思えた。姉は相当タフなのだと思うし、同時に丈夫に産んで育ててくれた親に感謝しないといけないな、とも思った。これまでにも姉は「もうお酒は飲まない」と言ったことは何度もあるが、今回は何か違う。これまでとは違う、「姉はアルコール依存症を克服できる」と私に確信させる何かがあった。

アルコール依存症は難治性であり非常に治療が難しいことは分かっているため、今後も姉はお酒に手を出す可能性が十分にある。その可能性は重々承知しつつも何か私に「うまくいく」と思わせるのは、ＣＲＡＦＴで培った部分にあると思う。ＣＲＡＦＴを勉強してその内容を実践してきたからこそ、姉が彼氏とうまくいかなかったときに私に電話してきたと思うし、多量飲酒の地獄から抜け出した直後、実家に戻ってきたのだと思う。困ったときに話しをしたり戻ってくることが出来る「姉の居場所」を提供できるようになったことはＣＲＡＦＴの成果である。そして「困ったときに相談できることや、居場所を提供できる」ということは姉を孤独や孤独感から救うことが出来る。この先、姉がそんな簡単にアルコール依存症から離脱し続けられるとは思っていないが、どこかうまくいくという確信めいたものがあるのは、この「孤独感を払しょくできた」ことにある。思えば発症のきっかけはワンオペ育児による孤独感だったと思うし、恋愛がうまくいって「孤独」を感じないときの調子は良かった。

多量の飲酒により記憶をなくすことがあったり、酩酊する人は多いと思うが、楽しく過ごす中で飲酒している状態だとアルコール依存症とはならない。疎外感、無力感、孤独感に打ちひしがれて、それを忘れようとお酒を飲み、お酒を飲むと状況が更に悪化するため、更に飲酒へと向かう。この悪循環が「アルコールを飲まないとやっていけない」という依存を形成する。アルコールという薬物は良くも悪くも「人とのコミュニケーション」と密接に関わってくる。楽しいときは人と人とのコミュニケーションを円滑にする潤滑油として働くが、ひとたびネガティブな事象を「忘れよう」として飲み始めるとネガティブな感情を更に増幅させて依存を形成していく。

13　経過を振り返って

姉が断酒を決意するに至った経緯は以上である。もちろん今後も紆余曲折、前途多難な将来が待ち受けているだろう。しかし、姉が自発的に断酒を決意し、木村病院を受診して断酒薬の内服を始めたため、この時点をひとまずゴールとして本書を書き始めるに至った。薬物依存のゴールは「今後一切、当該薬物に手を出さないこと」となるので、本当に姉が依存症を克服できたかどうかは姉が死ぬまで分からない。そうするといつまでたっても本書を書くことは出来ないので、一旦、「家族がＣＲＡＦＴを実践して、姉が断酒を決意した」地点をゴールとした。ここで姉のこれまでの経緯を振り返ってみようと思う。

姉は（恐らく）学生時代にアルコールと出会い、しばしば飲酒していた。就職して仕事が始まり酒席の場もあったが、依存を形成することはなかった（多量飲酒で記憶をなくしたりしたことはあったかもしれない）。その後、関東で結婚して第1子を儲けた。産休、育休はあったと思うが、仕事に復帰してからは、慣れない育児、送り迎え、食事・洗濯・掃除と大変だったに違いない。仕事の有無に関わらずワンオペ育児の負担は大きいと思う。この頃に数回、精神的な不調を来たして自殺企図のような素振りを見せたことがあった。恐らく飲酒もしていたと思われる。発作は一過性であり、長引くことはなかったため私を含めた家族にそれほど危機感はなかった。この段階で姉がアルコール依存症を発症していたどうか定かではなく、振り返って症状を思い起こしても他の精神疾患（パーソナリティー障害、適応障害、など）だった可能性が高い。私は医学部在学中で、姉の症状を伝え聞いて的外れな疾患を疑って姉に検査を勧めていたのは、この頃である。

そのうち第２子を儲けた。妊娠期間中はつわりの影響からか多量飲酒の発作を起こすことはなかった。妊娠中や出産後はホルモンバランスが大きく変化するため精神的に吉と出るか凶と出るか各個人それぞれである。姉の場合、出産後のマタニティブルーズや産後うつを発症することはなく（産後うつは意外と多くの女性に見られ、自殺に至るケースもある。これはこれで問題！）、妊娠中や産後の方が精神的に落ち着く傾向にあった。産休、育休が終わると第１子のときと同様、仕事に復帰した。仕事とワンオペ育児の状況は変わらず、子供が一人増えたため、姉の負担が更に増大したことは想像に難くない。年に数回程度、母が呼び出されて関東に駆けつけた。父が様子を見に行ったこともあった。

アルコール依存症の予兆があったのはこの頃だと思われる。その後、父が亡くなった。父は姉の良き理解者であり、しばしば電話で話すこともあったので、姉にとって良き相談相手がいなくなり孤立する状況を作り出してしまったのかも知れない。そして家族の大黒柱が亡くなったことで私や母、姉の立場が相対的に弱くなってしまった。父が亡くなったことによる悲しみに整理がつかぬまま、姉は第３子を妊娠した。私も母も姉の心身共に増える負担を憂慮したが、「授かった命」であるため前向きに捉えるほかなかった。第１、２子のとき同様、姉は妊娠、出産、産後と精神的に落ち着いており、発作を起こすことはなかった。第３子を出産後、姉家族はマイホームに移り住んだ。帰る家があるという安心感がある一方、住宅ローンを抱えることとなり、三人の子供とローン返済と、ダブルインカムでないと家計が保てない状況となった。

第３子の育休後、姉は仕事に復帰した。第２子の出産後、アルコール依存症の予兆は見えていたが仕事もワンオペ育児も状況は変わらず、負担は増える一方だった。姉の限界が近づいていた。ただ、姉も述懐しているが第３子の世話に手を焼いていたわけではなかった。「悪魔の２歳児」と呼ばれることもあるが、とにかく第２子の世話に手を焼いていた。お盆や正月、姉家族が実家に帰省したときにも分かったが、第２子はヤンチャだった。私の父の葬儀のときに素っ裸で走り回っていたくらいである（その時は打ちひしがれて怒る気にもならなかったが）。「元気が良い」と言えばそれまでだが、ただでさえ三人の育児と仕事という超過密スケジュールの中、姉の気を引くためにわざと危険なことやいたずらをされたら姉も溜まったものじゃなかっただろう。孤軍奮闘する中でイライラがつのり、コップから水があふれるように限界を超えると多量飲酒する発作が増えるようになり、母が関東に駆けつけることが多くなった。

この時点で明らかにアルコール依存症を発症していたと思う。しかし、恥ずかしいことに私はアルコール依存症の可能性は低いと考えていた。決まって週末に崩れ、多量飲酒によりネグレクトとなっていたが、日々のイライラやヒステリックな症状が全面に出ていたため、アルコール依存症とは別の精神疾患を疑っていたためである。姉には精神科（心療内科）受診を勧めた。姉自身、病識はなかったが不眠の症状は自覚していたため、ときおり心療内科の受診はしていたようである。

発作の頻度は増え、母の負担が大きくなってきた頃になってようやく姉がアルコール依存症を発症していることが分かりはじめていた。母一人では埒が明かないと思い私も関東に駆けつけたが、姉のイライラが頂点に達して、駆けつけた私の目の前で皿を叩き割られた。私は救急車を要請して何とか精神科病院の受診に漕ぎつけるも、進展がなかったのは前述の通りである。その次に私が関東に駆けつけた時、姉に心療内科を受診するよう説得した。が、心療内科を受診した後、私と母を振り切ってアルコールを買いに行こうとし、それを阻止しようとしてスーパーの前で大立ち回りを演じ、また救急要請することとなった。こうして振り返ると、私が取った行動は姉家族を助けようとして関東に行ったものの、事態を悪化させただけということがよく分かる。この2回救急要請したことにより姉は私を敵視するようになり、信頼関係が崩れて介入することが難しくなってしまった。

姉は歯止めがきかず、発作が起こるたび義兄、母、私で長々と相談していた。「心療内科を受診して相談する」、「仕事を時短にする」、「発作が起こる前に母に連絡して手伝ってもらう」、「義兄が家事をなるべく負担する」、「子供一人つれて実家で少し休む」等々、どれも有効な打開策とならなかった。多量飲酒の発作が増えるにつれて仕事で車を運転することに対する危機感が家族に（姉以外）広がっていった。物損事故を起こすようになり、義兄と相談して社有車を取り上げるようにした。社有車を取り上げることに私が関与したのは明らかだったため、姉の私に対する憎悪は更に大きくなった。

社有車を取り上げられて仕事に支障が出るようになってから、姉の孤立感は増し、そして私や母への憎悪が強くなった。無断欠勤の頻度も増えたため休職を余儀なくされた。姉は社有車が使えない状態だったが自宅の車があったため、第3子を連れて（恐らく）お酒を買いに車で出掛けた。飲酒運転の可能性も高く、義兄は激怒して警察に通報、自宅に張り込むこととなった。姉は検挙されたわけではないが、飲酒している可能性が高い状態で（今となっては確かめようがない）第3子を連れ去って車を運転したことに対して義兄は激怒し、離婚の話が出てくるようになった。

その後、いつものように母が連絡を受けて関東に駆けつけた際、母に暴力をふるい「自傷他害の恐れ」があるとして精神科の閉鎖病棟にいわゆる「強制入院」となった。入院中、姉は模範的な言動を取り、それが評価されて1か月半程度で試験外泊を許されたが、その外泊中に多量飲酒で潰れてしまった。結果的に入院期間は延び、2か月程度で退院となった。明らかに（アルコール依存症という）病気を発症していると思っており「入院して治療すれば治る」と無意識に信じていたため、外泊中に多量飲酒したときには完全に予想を裏切られた気分となった。退院する際、アルコール専門外来を紹介されて、そこで断酒補助薬（一般名：アカンプロサートカルシウム）による治療が始まった。

断酒補助薬による治療は始まったが、この薬は「アルコールを飲み続けながら（節酒をして）、依存症を克服していく」というタイプの薬である。この薬の特徴は、アルコール多飲により崩れてしまった脳内の神経伝達物質（ホルモン）のバランスを整えて「飲みたい気持ちを抑える」ことである奏効率（アルコール依存症から離脱できる可能性）は50パーセント程度。しかし、退院してもワンオペ育児の状況は変わるはずもなく、姉のイライラは治まらず度々多量飲酒の発作を起こした。強制入院となっても治癒する見通しが見えない状況に義兄は限界を感じ、別居を決断、姉は実家に戻ってきた。

「経過観察」、つまり「アルコール依存症の治療に専念する」という意味での別居のはずだったが、義兄はなし崩し的に離婚の話を進めていった。実家に戻ってきてからの姉は終始不機嫌（抑うつ状態）にあり、ほぼ引きこもりの状態で１日中テレビを見ていた。私や母は「離婚のこと」について細かく詮索できなかったが、話は進んでいって離婚を回避するのは不可能となった。実家に戻ってきてから発作を起こす頻度は少なくなったが、大なり小なり月に１回程度のペースで多量飲酒していた。今度は母が精神的に参ってきた。

　木村病院に電話で相談したのはこの頃、姉が実家に戻ってきて半年程度経った頃だった。姉にも木村病院を紹介して受診を促した。姉は離婚や復職のときなど、必要に迫られたときのみ受診して診断書を書いてもらっていたようである。復職すると平日は落ち着いていたが、週末には崩れることが多く、母の精神的な負担も大きくなっていった。私は木村病院に電話して相談、そこでＣＲＡＦＴを紹介された。そして冬が明けるのを待って、母と私が月に１回、木村病院を受診してＣＲＡＦＴの勉強がスタートした。

私と母がＣＲＡＦＴの勉強を本格的に開始したのも束の間、姉は一人暮らしを強行して実家から離れて暮らすようになった。当初、姉の一人暮らしに反対していた私だが、最終的に木村先生の方針に従い、姉の一人暮らしを応援するスタンスに変えた。母の発案により、「私、姉、母」の三人によるグループＬＩＮＥが始まった。ルールは「朝と晩に１回ずつ各自スタンプを送信して安否が確認できるようにする」ことと「連続２回、スタンプが送信されない場合は様子を見に行く」という内容だった。ここで姉の一人暮らしについて反対の立場を一転、姉の考えに沿って応援するという姿勢に変えたことで私と姉の関係性が改善されたように思う。

姉は一人暮らしを始めてすぐに多量飲酒の発作を起こし、酩酊状態となってマンションの住民と管理人に迷惑を掛けた。会社が契約している借り上げ寮であったため、会社としても看過することはできず、姉の上司である柴さんと頻繁に連絡を取るようになった。私と母、木村病院、柴さんの三者で連携を取って姉のアルコール依存症に対峙した。姉の多量飲酒による発作は１か月に１回程度と、変わらず繰り返していたが私と母はＣＲＡＦＴの内容に沿った言動ができるようになっていった。「アイメッセージ」の遵守と「イネーブルしない」こと、そして姉の前向きな考えや行動について応援していくようになった。とは言え、無断欠勤や住んでいるマンションでトラブルを起こすと会社としては看過できないために実家からの通勤を命じていた。姉は実家にしぶしぶ戻ってくることもあったが、長くは続かず「なし崩し的に」一人暮らしを強行した。

周囲の頑張りをよそに姉に彼氏ができた。この頃から姉のアルコールに対するスタンスは「断酒を目指すのではなく節酒してアルコールとうまく付き合っていく」という形に変わってきた。「節酒でうまくいくはずはない」と思っていたが、私と母は姉の考えに異論は唱えなかった。多量飲酒をして完全に潰れ、無断欠勤をするということは少なかったが「自己中心的」、「短視眼的」な考えにより職場での仕事に支障をきたすようになった。ただ、プライベートがうまくいっていたためか、姉の機嫌は良くなるようになり木村病院も1か月に1回程度受診していた。先生に対して少しずつ心を開くようになっていった。

しばらく平穏な状態が続いていたが体調不良で欠勤したのをきっかけに、多量飲酒して再び無断欠勤してしまった。多量飲酒の引き金は、やはり恋愛だった。家族ＬＩＮＥのグループトークを使って三人で話し合った。母が姉にＣＲＡＦＴの内容に沿った形で伝えたことは姉に響いたように思う。立て続けに無断欠勤を繰り返したため、姉はアルコール依存症の治療に専念するため休職を命じられた。「諸刃の剣」である恋愛は姉に大きく振りかかった。このときの多量飲酒の発作は長引き、姉は私に電話して泣き、家に来るよう訴えた。姉の家に行った私は、アルコールの離脱症状に苦しむ姉と一晩過ごした。「自殺念慮、徘徊、飲水、嘔吐」を繰り返す姉を見て、眠れぬ夜を過ごした。

この地獄から何とか生還した姉は木村病院を受診して「断酒」を決意することとなった。その足で実家に「自発的に」戻ってきた。「断酒の決意が確固たるもの」とは到底言えないが、断酒を決意して断酒薬（一般名：ジスルフィラム・シアナミド）を飲むのには多大な勇気がいる。断酒薬はアルコールの代謝産物であるアセトアルデヒド（体内毒素）の分解を阻害する。いわゆるお酒が飲めない「下戸」の体質にする薬である。断酒薬を内服している限り、アルコールを飲むことは物理的に不可能である。私と母がＣＲＡＦＴの勉強を始めて1年程度、姉が自発的に断酒を決意して断酒薬を内服するようになったことは素直に嬉しいし、姉の勇気は称賛に値すると思っている。そして、こうして経過を振り返ると分かるが、私も母も姉との関係性が著しく悪い時期があった。そうした状態を乗り越えて、困ったときに私に相談をくれるようになり、自発的に実家に戻ってくるようになるまで関係を改善させたのはＣＲＡＦＴのお陰だと思っている。何より、姉が断酒を決意できたことのみならず、私や母がアルコール依存症に振り回されることなく日々送れるようになったのが大きな成果である。

14　まとめと考察

この章では、アルコール依存症となった姉に対して私や母が直面した問題点、対応が悪かった点、うまくいった点について述べようと思う。これまでにも述べてきたことだが、ＣＲＡＦＴの最終目標は「アルコール依存症患者自身が病院を受診すること」である。つまり一般的な病気の場合、本人が「普段と違っておかしい、痛い、しんどい」と病院を受診する。が、多くのアルコール依存症患者では、本人に病識がないため周囲の人間が病院への受診を促しても本人が「うん」とは言わないので受診することはない。それによって周囲の人間が困り果てて八方ふさがりの状況に陥ってしまう。

周囲の人間はSlipknot の曲名にある通り、文字どおり「All hope is gone（全ての望みは絶たれた）」という状況に何度も陥る。もしも周囲の人間のストレスが軽減され、本人が断酒について積極的に取り組んでいるのであれば、たとえお酒を飲んでしまうことがあったとしても周囲の人間が絶望を感じずに済むのではないかと思う。

アルコール依存症患者を持つ家族の環境は各家庭によって異なる。「うまくいく方法」は各家庭の状況によって変えていく必要がある。しかしながら我々が「失敗した点」については、各家庭に通ずるものがあると思う。野球評論家の故野村克也氏の名言に「勝ちに不思議の勝ちあり、負けに不思議の負けなし」という言葉がある。アルコール依存症患者と対峙する家族にとっても、まさにこの言葉が当てはまる（アルコール依存症に限らず、である。何事においても「失敗するパターン」はだいたい決まっている）。ＣＲＡＦＴを勉強して内容を理解していくうち、勉強する前まで典型的な「失敗例」となる言動を姉に対して取っていたことに気が付いた。結果、「負けに不思議の負けなし」という言葉の通り、状況はどんどん悪化していった。

アルコール依存症患者を持つ家族は「藁にもすがる」思いで、私や母の「うまくいった点」について「知りたい」と思うかも知れないが、それよりも「典型的な失敗例」を回避するだけで成功する確率はグンと上がるのではないか。「我々が痛い目に遭った失敗」を避け、「我々がうまくいった点」は参考にする程度にして、各家族の状況に合うようアレンジすることが良いのではないかと思う。

・アルコール依存症の発症について

まず思うのは「そもそもアルコール依存症の発症を防げなかったか」という点である。次に「もっと早い段階でアルコール依存症を疑い、治療に結びつけなかったか」とも思う。姉がアルコール依存症を発症したのは「姉を取り巻く環境」によると思っており、「なるべくしてなった」という思いが強い。アルコール依存症を発症する要因は様々であると思うが、ここでは姉を例に挙げ、「（日本の）働き盛りの女性」がアルコール依存症を発症する環境について述べる。

アルコールは特別な薬物であり古今東西問わず問題となっているが、歴史上、禁酒法が失敗に終わっていることからも法律上容認せざるを得ない。そして、文化的に見ても良い側面が沢山ある。私自身は飲まない（飲めない）のだが、お酒の文化を否定するつもりは更々無いし、「もう少しお酒に強かったら」とすら思う。近年、「働く世代の女性」によるアルコール依存症が問題となっているが、そこには取り巻く環境の変化がある。まず一つは、「単純に飲酒する機会が増えた」ことにある。元々、日本は男尊女卑の傾向が強い国であり（今もあるが）、戦前の頃は女性が人前でタバコやお酒を飲むことは憚られた。お酒を飲む人のうち、ある一定の確率でアルコール依存症を発症するわけであるから、母数が増えれば発症する人も増える。したがい、単純に、飲酒する女性が増えたからアルコール依存症を発症する女性が増える。

「母数が増えたから発症する人数も増えた」というより深刻なのが、やはり「ワンオペ育児を含め、働き世代の女性に対する負担が増えたこと」が挙げられる。以前の日本の場合、今よりもっと多産だったが、大家族の形態をとっていたために小さい子供の面倒を祖父母などがみれた。近所の人が世話することもあった（現在でも「子供の面倒は地域全体でみる」という国もある）。祖父母が小さい子供の面倒をみることは理にかなっていて、それは「一度、育児を経験している」ということである。一度経験していることなので要領を得やすい。しかし、第1次ベビーブームの世代が親となる頃に核家族化が進み、母親のみが育児をするワンオペ育児が浸透していった。初めての育児に苦労する女性も多かっただろう。しかし、この世代は高度経済成長の時期と重なり、景気が良く、日本に勢いと希望があふれている時代でもあった。夫は仕事に専念してお金を稼ぎ、妻は家事と育児という家庭の仕事、というように分担することができた。「楽だった」と言うと怒られるかもしれないが、相応に働き世代の女性の負担は少なかったと思われる。

その後、バブルがはじけて景気が悪くなると、「核家族」というシステムは残ったまま、夫の稼ぎだけではやっていけない状況と女性の積極的な社会進出の両方の状況が重なり、「女性が家事・育児をこなしながら仕事をする」という状況が生まれた。男性が積極的に家事・育児をする家庭もあるかもしれないが、男尊女卑の傾向は根強くあるため家事・育児を女性が負担することが多く、働き盛りの女性世代に負担が重くのしかかるようになってしまった。日々のストレスによりキッチン・ドランカーとなってしまったり、不眠を解消する目的で寝酒・深酒となり、アルコール依存症を発症してしまう。夫の稼ぎが少ないにせよ、女性が社会進出を望むにせよ、いずれにしても仕事と家事・育児が重なることで心身共に負担が増えてしまうのが原因の一つである。

姉の場合もまさにこの状況にあった。特に姉の場合は仕事に対するモチベーションが高かったため、自ら社会進出を望んでいた。義兄はお世辞にも「家事・育児に積極的」とは言えず、姉の負担は大きかった。義兄は姉に「家事・育児に専念して欲しい」と言ってはいたが、生活レベルを下げようという努力はみられず（ローンで外車を購入したり、外食や養育費も高かった）、持ち家のローンもあるため、姉が仕事を辞めれば家計が破綻するのは目に見えていた。そして、第3子が生まれると仕事と家事・育児の負担が更に増えたため多量飲酒の発作頻度は増えた。振り返ると姉は「アルコール依存症になるべくして、なった」という印象を受ける。アルコール依存症にならなくても、何か負担を減らさない限りは他の精神疾患を来たしていたように思う。

「心身共に負担が増えた」以外の原因としては、「コミュニケーション不足」が挙げられると思う。前述したラットの試験でもそうだが、ラットでさえも「孤独」により薬物依存から抜け出すことができないし、逆にコミュニケーションが取れると依存から離脱し得る。これも明確なエビデンスがあるわけではないが（調べてみたが孤独とアルコール依存症に関する論文の数は少ない）、大半のアルコール依存症患者は「孤独」を感じているのではないかと推察する。「誰も私のことを分かってくれない」と思い、お酒を飲む。姉の場合、「職場・子供・夫」と「会話」はしていた。しかし、間違いなく「孤独感、孤立感」を感じていた。「コミュニケーションを取る」というのは、ただ単に「話をする」というだけではないのだと思う。「その人の心に寄り添う」というような会話や傾聴する姿勢が求められる。それは子供や職場の人に求めるのは酷な話で、義兄や私、母がもっと姉に寄り添うべきだったのだと思う。

この「コミュニケーション不足」に含まれる内容と思うが、「不公平感」というのも原因の一つである。前述に橘玲さんの著書について触れたが、この「不公平感」という考えは、二段階の思考のうち「一つ目の思考パターン」、つまり石器時代などに重要であった原始的な思考であると思われる。例に挙げると、「一人で１００の仕事をして10万円もらう」というのと「二人で１５０の仕事を割り振られ、そのうち自分は１００の仕事をして10万円もらい、もう片方の人は50の仕事しかしないが同じように10万円もらう」という状況を比較する。どちらの例も自分は「１００の仕事をして10万円もらう」ことに変わりない。が、二つ目の例は、もう片方の人は50しか仕事をしてないのに、同じように10万円もらっている。こういう状況に遭遇すると「一つ目の思考パターン」が即座に「不公平だ」と判断して腹が立つ（私も同じような状況でイラッとしてしまうことがよくある）。冷静に考えれば自分がする仕事の量は１００で報酬はどちらも10万円なので、他者と比較しなければ済む話である。しかし、これは原始的、深く頭脳に刻み込まれた思考パターンなため容易に拭い去ることはできない。原始的な時代は慢性的な食糧難であり、獲った獲物や食料を分ける際、「公平に分けられているか」瞬時に判断することが死活問題だったことに起因するのかも知れない。

　この瞬時に感じてしまう「不公平感」は馬鹿にできない。色々なシチュエーションで多くの人が感じているはずだ。「正社員だとこれだけ福利厚生があるのに、契約社員には認められない」、「男性は入試の点数に加点があるのに、女性にはない」とか、小さいことでも「前の人の定食には小鉢が二つついていたのに、自分の定食には一つしか小鉢がない」とか。例を挙げればキリがないし、世の中どれだけ「公平感」を出すために工夫が凝らされているか分かるだろう。そして、「平等ではない」ことがあれば、即座に見抜くことが出来る上に、不快感を覚える。

　夫婦の間でも同様である。本邦における現代の夫婦の構造上、男女平等な負担とはならず、女性の負担が大きくなりがちなのは前述の通りである。当然ながら女性はこの「平等ではない」ことを即座に見抜き、ストレスを感じる。「どうして私ばっかり」、こう感じている女性も多いのではないか。「協力してくれるはずの夫がいるのに、協力しない」というのが余計に「不公平感」を生み、ストレスを感じる。いっそのこと負担が増えたとしてもシングルマザーになって一人でしたほうが「気が楽」と思っている人もいるかもしれない。

姉の場合も「仕事、子供の送り迎え、食事、掃除、洗濯、風呂」と「どうして私ばっかり」と不公平感を感じていたに違いなかった。そして「どうして私ばっかり」という思いで頑張り続けた結果、「（こんなに頑張っているのに）誰も私のことを分かってくれない」という考えとなり、「孤独感、孤立感」を深めていってしまった。姉が関東にいるときに多量飲酒の発作を起こして、母が駆けつけた時、姉はよく言っていた。「毎日、本当に時間がなくて大変。私が何もかもしなければいけない。もっと頑張らないといけないと思うけど、時折何もかも忘れたい気分になるときがあり、そのときにお酒を飲む。（多量）飲酒したときだけ、目の前のやらないといけないことから解放される」。姉は日々追い詰められていたのである。そんな姉をどうして責められようか。

正直言って姉の場合、発症を防ぐのは困難だったように思う。少なくとも私に出来ることはあまり無かったし、母は遠いながらも頻繁に関東まで駆けつけて手伝っていた。仕事の負担を減らすのが良かったかもしれないが、仕事に対するモチベーションが高い姉は仕事を減らす気は更々なかった（むしろ増やそう、増やそうとしていた）。「もっと姉に寄り添うコミュニケーションが取れていれば」という思いはある。とは言え、日々時間に追われていた姉はコミュニケーションを取る暇さえなかったため、これも難しかった。

姉の場合、アルコール依存症の発症を防げたとしたら「家計の長期的な視点を考え、仕事の負担を減らす」、「親の手を借りて家事・育児の負担を減らす」、「義兄と家事・育児の分担をして姉が感じる不公平感を除き、また義兄と良好なコミュニケーションを取る」と多岐にわたる改善が必要だったと思われる。

・アルコール依存症の診断

姉の場合、発症を防ぐのは難しかったと思えるが、アルコール依存症を発症してから我々の初動が遅れたのもまずかった。アルコール依存症を疑うのも遅かったうえに、疑ってから取っていた行動も良くなかった。この二つは医療に携わる私の失態である。そもそも父が亡くなる前から予兆はあったが見落としていた。問題行動が出始めた頃は、「アルコールを多飲して潰れる」というよりも自傷行為を見せたり、暴力的な言動が多かったため「境界性パーソナリティー障害」を疑っていた。実際、境界性パーソナリティー障害を発症した後にアルコール依存症を発症した可能性もある。しかしながらアルコール依存症を疑って対策を考えるのが遅れたのは事実である。

毎日、晩酌を欠かさずにいてもアルコール依存症とならない人もいるため、周囲の人間が判断するのは難しい面もある。キッチンドランカーや睡眠導入薬代わりに飲酒する人もいるわけだが、アルコール依存症の発症を強く疑うのは以下の点にあると思う。それは「楽しんでお酒を飲んでいない」に尽きる。姉の場合もそうだが、もともと「楽しんで」お酒を飲んでいた筈だ。サークルや部活の打ち上げで、皆とワイワイ楽しく話しながらお酒を飲む、仕事の同僚と寿司を食べながら日本酒を飲む、恋人と美味しいイタリアンやフランス料理を食べながらワインを飲む、と。時に飲み過ぎて潰れてしまうことがあっても、「楽しいお酒」ならば特に問題はない。その「楽しく」飲んでいたはずのお酒が、辛さや孤独感を紛らわすためのお酒に切り替わるタイミングがある。この「紛らわす」ためのお酒が問題だ。

アルコール依存症の患者は最初から辛さを紛らわすためにお酒を飲んでいたわけではない。最初は楽しいお酒を飲んでいた筈である。それがいつしか辛さを紛らわすようになっていく。家事・育児のイライラで料理しながらお酒を飲む（キッチンドランカー）、孤立感や孤独を感じ「誰も私のことを分かってくれない」という気持ちになってお酒を飲む、色々考え出すと夜眠れなくなり、眠りにつくためにお酒を飲む、という風に。こういった飲み方が出だしたら要注意である。当たり前の事だが、飲酒によってこれらの問題が解決することはない。その上、こういったネガティブな感情が飲酒によって増幅される。お酒を飲むことでネガティブな感情から一旦解放された後に、増幅されるのである。つまり、孤独や不眠を感じてお酒を飲むが、アルコール自体が孤独感や不眠をもたらすため、一旦解放されたとしても更に孤独感や不眠を感じるようになり、それを紛らわすために更なるアルコールを求めるようになる。この悪循環が依存症を形成する。

そして周囲の人間がこの「紛らわすためにお酒を飲む」という変化に気づいたとしても、そこから診断・治療へ結びつけるのが一筋縄ではいかない。今度は本人の「病識の無さ」に大きく阻まれる。本人に病気の自覚がないため、周囲がいくら言っても病院を受診しようとしないし、治療に結びつけることが出来ない。本人にとってみれば、一時的ではあれネガティブな感情を紛らわすというメリットがあり、数々引き起こす問題行動については「覚えていない」ため酒を取り上げられる理由などない。ただただ周囲の人間が困り果てるのみだ。

本人の「自覚がない」状態は「メタ認知能力の欠如」であることは前に述べた。もう少し踏み込むと、アルコール依存症患者は「酩酊状態」のときと「しらふ」のときという、いわゆる「二重人格」のような状態に陥っている。昔（古い話ですみません）、藤子・F・不二雄による「パーマン」というアニメがあった。主人公はマスクをかぶると超人的な能力を持ち、正義のヒーローとして様々な危機から人々を救う、というストーリーである。そこで主人公は自分が「パーマン」であることを伏せるためにコピーロボットに身代わりをさせている。鼻のところに赤いボタンがあり、そのボタンを押すと主人公のコピーができて、主人公に成り代わって日常を過ごす。その間、主人公はマスクを被り、パーマンとなって人々を救うのである。

　アルコール依存症の患者が多量飲酒しているときは、例えるとこの「コピーロボット」の状態に近い。しらふのときの「本来の自分」があずかり知らぬところでコピーロボットが行動しているのである。但し、アニメと違うのはこの「コピーロボット」は問題行動しか引き起こさないことである。アニメのコピーロボットは基本的に主人公の日常生活をそのまま過ごすだけであるが、アルコール依存症患者のコピーロボットは暴言、暴力、窃盗、吐物による汚染、器物損壊、痴漢、自傷行為、など数限りない悪行を働く。しかしながら当の本人はコピーロボットが行った行動であるため（のような感覚に陥っている）、本人に「悪行をした」という自覚が持てないのである。周囲の人は当然ながら、（コピーロボットではなく）本人が行ったと認識しているため、その罪について問い詰める。が、本人に画像を見せて問い詰めたとしても、「確かにこの画像は私ですね。酔っていて記憶がないのですが」という答えが返ってくる。

　これがテレビで芸能人など謝罪会見の場面に「正直、酔っていて記憶ないのですが、申し訳ありませんでした」と答え、ＳＮＳが炎上して「記憶がないで済まされるか」、とか「反省の色が見当たらない」といって強烈なバッシングを生む原因である。間違いなく本人が起こした問題行動であるが、当事者にとっては「記憶がない」ため、コピーロボットが勝手に起こした問題行動の罪をなすりつけられたような感覚に陥っている。自分がしたという記憶はないが、状況証拠を突きつけられると「自分がしたことに間違いは無さそう」なので、「しぶしぶ」謝罪せざるを得ない。そして、「しぶしぶ」謝罪している様子に視聴者が「反省の色がない」といって怒るのだ。

それだけでなくアルコール依存症を明確に発症している状態となると、このコピーロボットは「しらふ」の患者に対しても影響を及ぼす。コピーロボットは「しらふ」である本人の思考回路を乗っ取って、易怒性（怒りっぽさ）、イライラ、不安、不眠、孤独感といったありとあらゆるネガティブな感情を増幅させ、アルコールに向かわせようとする。そして一度お酒を飲めば一時的にネガティブな感情から解放されたのち、更なるネガティブな感情が押し寄せる悪循環を招いていく。

この状況を改善させるためには「自身が招いた問題行動の自覚を持たせること」が第一歩となる。本人の招いた状況を周囲の人間が尻拭いしないこと、ＣＲＡＦＴでいう「イネーブルしない」ことが鍵となる。そのためには、最初に家族を始めとする周囲の人間が医療機関に相談してアルコール依存症という疾患を理解して「患者に対してどのように接していくか」学ぶ必要がある。そして本人が起こした問題行動について「周囲の人間がイネーブルしない」ことにより本人が責任を取っていくことで病識を持たせる。こういったプロセスを踏むことにより本人が治療の意思を持ち始めて病院へと受診することにつながっていく。

こうして振り返ると我々が反省すべき点として、まず、しかるべき医療機関に相談することが出来ていなかったことが挙げられる。アルコール外来を専門としている医療機関は限られており、東京を例にすると一般的な精神科のクリニックは９００以上あるのに対してアルコール外来を行っているクリニックは50程度である。県によってはアルコール外来を行っているクリニックがない地域もある。事態が長期化、悪化していく前に、まず、姉ではなく我々がしかるべき専門家に相談すべきだった。

そして「姉が医療機関を受診すれば治る」という考えも甘かった。自傷他害の恐れにて、いわゆる強制入院となり、完全にアルコールから遮断された状況に置かれても、退院してすぐに飲酒してしまっている。というより、試験外泊ですら断酒できなかった。アルコール依存症は「不治の病」として認識されている国もある。医療従事者でありながら「現代医療は万能であり、きちんと受診さえすれば必ず治る」と信じていた自分の認識は甘過ぎたと言わざるを得ない。そして「孤独感、孤立感」を消し去るために飲酒していた姉に対して、コミュニケーションを軽視して無理やり酒を取り上げようとしたり、無理やり医療機関を受診させようとして信頼関係を失い、状況を更に悪化させていったのは本当に反省すべき点である。

・ＣＲＡＦＴの実践（家族ＬＩＮＥ）

紆余曲折あったが振り返ってみるとＣＲＡＦＴを始めてから1年程度で姉は自発的に木村病院へ受診するようになり、また断酒薬を自らの意志で服用して断酒するようになった。この「うまくいった点」について考えてみたい。

まず「何よりもうまくいった点」は身も蓋もない話となるが、「良い医療機関に巡り合えた」ことに尽きる（母にも「うまくいった点」について尋ねてみたが同じ答えが返ってきた）。これぱっかりは「運が良かった」としか言いようがないところもあるが、本当に良い医師とスタッフの方々に巡り合えたのは我々家族にとって幸運だった。姉に対する治療方針やＣＲＡＦＴの勉強会が我々家族に合っていたのだが、これについては自分に合うと思う医療機関を探し当てるしかない気がする。一般的に「名医」と呼ばれていても、自分と合うかどうかは別問題である。実家から一番近いアルコール外来を専門とする病院が我々に合っていた、というのは本当に「運が良かった」としか言いようがない。

二つ目のポイントは「姉の一人暮らしを容認した」点にある。第１回目のＣＲＡＦＴ勉強会を経て、私と母は「イネーブルしないこと」や「アイメッセージを使うこと」について頭で理解することが出来た。が、頭で理解したとしても即座の判断が求められる日常の会話においてＣＲＡＦＴを実践することは難しかった。特に母は即座に切り替えて話ができるわけではなかった。経過の中で触れた通り、姉が「一人暮らしをする」と切り出した時に私は猛反発している。そして木村先生とも揉めて、「治療方針に信頼できないなら他の病院をあたってみたらどうですか」とまで言われた。そう言われて私は思い直して姉の一人暮らしを容認、ひいては応援するようになった。この一件で姉に対して私や母が同じベクトルを向いているということを示すことが出来た。その上、母と姉が四六時中顔を合わせる状況から脱することができたため、母・姉ともに日々のストレスから解放されることとなった。この姉の一人暮らしを容認する判断は結果的にうまくいったように思う。

その当時、姉はしらふであったとしてもアルコールに「完全に」支配されている思考パターンとなっていたわけだが、前向きな気持ちで一人暮らしを捉えているのも確かだった。一旦、猛反対したものの、翻って「姉の新生活を応援する」という姿勢を明確に示せたことが好転した。これまで事態を悪化させる言動を繰り返して、姉との信頼関係が築けていなかった私だが、この一件により明確に「姉のサイドに立っている」ということが示せ、姉との信頼関係が改善した。そのため、私が「孤独死を心配していること」が姉に伝わり、安否確認をする方法について模索することが出来た。そこで家族ＬＩＮＥがスタートした。

三つ目のポイント、恐らく私たちにとってＣＲＡＦＴを実践する上で最も重要なポイントとなったのが、この「家族ＬＩＮＥ」である。この家族ＬＩＮＥを使うことによってＣＲＡＦＴを実践することが出来て、そして姉の断酒につながったといっても過言ではないと思う。家族ＬＩＮＥは母の提案であり、本当に素晴らしいファインプレーだった。この家族ＬＩＮＥがうまくいった点について以下に述べる。

我々家族で設定した家族ＬＩＮＥのルールはシンプルなものだった。「朝と晩に１回ずつスタンプを送ること」、「２回連続で連絡がなければ様子を見に行く」という二つだけだった。叔母の件もあり、「孤独死」や「不慮の事故」といった恐怖を完全に拭えないにせよ、１日２回、朝晩に連絡あれば、かなりの確率でそういった状況を回避できると踏んだ。そもそも実家にいたとしても、「不慮の事故」は完全に防げるものではない。というか、誰だって明日の命のことなど分からないのである。事実、姉は実家にいるときも冬の寒い日に酒を買いに出掛けて、道端で倒れて救急要請されていたこともあった。

この１日２回のスタンプは最初の頃こそ安定しないときもあったが、今では完全に習慣となり定着している。私、母、姉と三者バラバラに生活しているため、姉のみならず全員の安否確認が出来るという面でもメリットは大きい。連続して２回連絡がなければ様子を見に行くというルールについては、これはもう「孤独死を防ぎたい」というだけの目的である。ＣＲＡＦＴの内容に沿って原則として「イネーブルしない」ことを母と私は実践していたため、実際のところ「連続して２回連絡がないため様子を見に行った」のは年間で３回くらいしかない。連続して２回連絡がなかったのは、もっとあったのだが実際に様子を見に行く前に電話を入れて、応答があれば行かなかった。こちらとしては飲酒のイネーブル（尻拭い）をする気はなく、ただ安否さえ確認できれば良いので電話に出るくらいの元気があれば酩酊していたとしても、様子を見に行くことはしなかった。

我々にとって幸運だったのは、この適度な距離感を保てたこともある。結果的に見て姉の一人暮らしを容認したのはプラスに働いた。まず、母のストレスが格段に減ったことが挙げられる。アルコール依存症の患者と同居する家族はかなりのストレスと長期戦を覚悟しなくてはいけない。しかし、姉が一人暮らしをしたせいで同居によるストレス（母、姉双方にとって）がなくなった。それと同時に一緒に暮らしていると姉の問題行動に一喜一憂して、ともすればイネーブルしかねない状況を回避することが出来た。同居している間は、何度も私が母に「姉を見るな。気になるなら買い物や図書館にでも行け」と言っても、一挙手一投足が気になって仕方がない様子だった。私が聞いてもいないし興味もないのに、母は「今日姉は出掛けて行ってお酒を買ってきた」だの「部屋にウイスキーの瓶が何本残っている」だの逐一報告してきた。そして、これは同居していると無理からぬところもあるが、吐物や失禁の後始末を母がしてしまう（イネーブル）こともあった。同居していると、これを放っておけというのも難しい。本来は本人に後始末させるべきであるが、本人が多量飲酒の発作から復帰して片づけられる状態になるまで数日のタイムラグが出てくる。その間、同居している家族は不快な状態に耐えなければいけない。姉が一人暮らしを始めたお陰で、こういう不快な状況から解放されると同時に家族がイネーブルする状況からも容易に離脱できた。

次に家族ＬＩＮＥを継続することで良好なコミュニケーションを保つことが出来た点が挙げられる。「1日2回のスタンプを送る」というルールではあったが、スタンプの送信に限られていたわけではなかった。姉から手料理の画像が送られてきたりすることも多くあった。また、多量飲酒の発作で連絡が1回飛んでしまったときは、「朝連絡がなくて心配していたけど、連絡が来たので安心したよ」といったメッセージを送ることもあった。この何気ないメッセージの内容がポイントである。この文章は「私は」という主語が抜けているが、命令形は取っておらず「私が心配して、私が安心した」という「アイメッセージ」の形を取っている。

母が「アイメッセージを使う」ということに家族ＬＩＮＥは功を奏した。ＬＩＮＥを使うメッセージであれば時間的な余裕があるため、一旦作成した文章を見返すことが出来る。その上、「アイメッセージ」となっていない文章を送った場合、私もチェックできるために、それを母に指摘することが出来た。面と向かって会話するのであれば、この方法は使えない。急いでいるときや移動中など、母はアイメッセージとなっていない文章を送ることが多々あった。その都度私は母に改善を促した。「急いで返信する緊急性は全くない。アイメッセージとなっているか送信する前に必ず確認してくれ」。この点に関しては、しつこく母に言い、妥協を許さなかった。言葉というものは自身の思考を具現化する道具である。そして「使う言葉が変わる」ということは「考え方が変わる」ということに他ならない。言霊《ことだま》である。

「アイメッセージを使う」ということは単に「私は」を主語にした文章というわけではない。相手（姉）の領域に踏み込まない、姉にこちらの考えを強要しないことを意味する。そして「こちらの考えを強要しない」ということは姉の考えを私や母が受け入れるということにも繋がる。姉の考えを私や母が受け入れられる態勢を取っていれば、つまりは「姉が孤立感や孤独感」を感じなくて済む、ということである。これがアイメッセージを使うことの最大のメリットである。

本書で何度も強調しているがアルコール依存症はコミュニケーションの病であり、「楽しくないお酒を飲むこと」がきっかけである。依存症患者は「孤立感・孤独感」を感じて、それを払しょくするためにお酒を飲む。「誰も私のことを分かってくれない」と思ってお酒を飲む。本人も飲みたくて飲んでいるわけではない、飲まざるを得ないから飲んでいるのである。従って、周囲の人間は、まず「アイメッセージを使う」ことによってアルコール依存症患者を受け入れられる態勢を取ることが第一歩となる。そうやって信頼関係を構築した上で「それだけたくさんのお酒を飲んでいると体調を崩さないか心配している」、「飲酒して暴力を振るっている貴方は好きじゃない」といった「自分の気持ち」を相手にぶつけるのである。そうすることにより信頼関係がない状態で無理やりお酒を取り上げたり、酒を止めろと言って反発を買うよりも、相手の心に響いて本人が治療したくなる方向に向かう。

以上のような考えに基づき、私と母は家族ＬＩＮＥでアイメッセージを姉に送り続けた。一旦母が私にメッセージを送り、それを私が添削して母に送り返し、その添削した内容を家族ＬＩＮＥに送信する、という面倒な手続きを踏んでメッセージを送ることさえあった。私が文章を考えて、それを母に送信すれば良いのだが、その方法だと母のスキルが向上しない。あくまで言葉はツールであり、言葉を通じて考え方を変えることを主眼としている。母自身が言葉を選び、考え抜くことによって姉を受け入れられる態勢を取れるように何度も試行錯誤を繰り返した。

この私と母による地道なジャブとボディブローを打ち続けた結果、姉に変化が現れた。まずは多量飲酒の発作により潰れている期間が短くなった。木村先生によると、家族ＬＩＮＥに１日２回スタンプを送ることが習慣化して、それが多量飲酒を少し踏み止まらせる足枷となっていたようである。ちなみに、断酒を決意して断酒薬を服用するようになった姉に「断酒を決意したきっかけ」について尋ねてみたが、残念ながら「家族ＬＩＮＥの効果」という答えは返ってこなかった。しかし、家族間のコミュニケーションが著しく改善したことに疑いの余地は無く、家族ＬＩＮＥを通じてＣＲＡＦＴを実践することで姉の飲酒による問題行動に振り回されることなく、私や母が自分自身の「すべきこと」に注力できるようになったのは大きい。

・罪と罰

ドストエフスキーの小説のタイトルにもあるが、不勉強ながら読んだことがないので何とも言えない。これまで再三触れているが、ＣＲＡＦＴでは「イネーブル（尻拭い）しないこと」が強調されている。これは本人が飲酒により起こした問題行動について周囲の人間が尻拭いしてはいけない、ということである。言い換えると、「本人が犯した罪について本人が罰を受けろ」ということになる。「パーマン」に出てくるコピーロボットを例に出して「本人に問題行動を起こしたという記憶がない」ということを述べたが、この問題行動が引き起こした結果を本人に対処させることで飲酒によるデメリットを認識させていく、という形を取る。つまり、周囲の人は「飲酒による問題行動」を容認した上で、本人がその報いを受けろ、ということである。

姉にとって「罰」となり得たのは「仕事」だった。離婚ということが姉の行動に変化をもたらさなかったことからも、離婚は姉にとって「有効な罰」とはならなかった（少なくとも断酒を決意する、とまでは至らなかった）。しかし、会社の借り上げ寮による一人暮らしや休職となることは姉にとって大きな「罰」となり得た。そこには姉の上司である柴さんの協力も大きかった。この点も、我々は幸運だったと思う。

姉にとって一人暮らしと仕事を取り上げられることが大きな「罰」になると認識していたため、その「罰のカード」の切り方については柴さんと密に相談した。本人が実際に「痛い目に合う」ことで飲酒によるデメリットを認識できる。私と母は姉に対する有効な「罰のカード」を持っていなかった。私と母ができる「イネーブルしないこと」は多量飲酒で姉自身の部屋が汚れたとしても「片づけに行かない」程度のことしかなかった。従って私と母は姉のサイドに立ち、姉の考えに寄り添って地道にアイメッセージを送り続けるというスタンスに立った。

私は柴さんと相談の上、「罰のカード」を持っている柴さんに、ヒール役をお願いした。借り上げ寮を取り上げることや休職にするカードを切ると、姉は当然ながら逆恨みするわけだが、姉が会社を恨んだところで更に退職を命じられたら元も子もない。「罰のカード」を切られたら姉は柴さんを逆恨みすることになるが、従わざるを得ないのである。しかし、私と母の場合は違う。もし私が会社に根回しして借り上げ寮を取り上げるようなことをすれば、当然姉は私に逆恨みをして、そこで私と姉の信頼関係が壊れてしまい、姉は喜んで私と絶縁するだろう。そうするとそれ以上、私は姉に主だった介入が出来なくなる。

我々にとって幸運だったのは、柴さんを始め、姉の勤めている会社がアルコール依存症という疾患に対して理解があった点である。これは職場によって当然対応は変わってくる。どの勤め先でも「罰カード」は存在する。「解雇」というカードだ。そしてこのカードは多くのアルコール依存症患者に突きつけられていると思う。このカードを切られると、それをきっかけにアルコール依存症から克服できることもあるかも知れないが、その後の社会復帰に困難が予想される。

日本の社会は一度ドロップアウトした人間にチャンスを提供しようとはしない。アルコールは合法の薬物であり、アルコール依存症はれっきとした病気であるのに、その病気を克服した人間が社会復帰できないのはおかしいと思う。違法薬物に手を出したのであれば本人に問題があるかも知れないが、アルコールはれっきとした合法の薬物である。その上、その困難な病気を克服した人間は並大抵の苦労ではない筈である。が、どうもアルコール依存症の場合、病気を発症したのは「自分が悪い」という風潮がある。仮にこれが悪性腫瘍だったらどうだろうか。白血病の辛い化学療法を受けて寛解した人間だったら、周囲は称賛して社会復帰を応援するに違いない。アルコール依存症を始め、精神疾患は社会復帰と言う点で扱いが難しい。が、本人もなりたくてなったわけではないし、見事病気を克服することが出来たのなら周囲が社会復帰を応援しても良さそうなものだが、どうなのだろうか。

いずれにしても姉の会社はアルコール依存症という病気に対する理解があったため早々に「解雇」というカードを突きつけられることはなかった。その最後のカードを切る前に「配置換えのカード」、「借り上げ寮を取り上げるカード」、「休職のカード」と選択肢は豊富にあった。そして私は柴さんと相談の上、厳密なルールの設定と切るカードの明確化を要求した（弟である私が、姉の会社の上司と相談する内容ではないかもしれないが）。会社としては「事前連絡無く欠勤すること（無断欠勤）」、「定期的に木村病院への受診を怠ること」に対して「配置換えや休職のカード」を切るというものだった。そして他に、借り上げ寮で問題行動を起こして他の住人や管理人に迷惑を掛ける場合は「借り上げ寮を取り上げる」というものだった。

結果的に見れば「解雇」以外、全てのカードを切ったことになる。そして解雇以外、全てのカードを切った時点で姉が断酒を決意して断酒薬の内服を始めることになった。柴さんは木村先生とこまめに相談して前記カードの種類や切るタイミングについて細かく調整してくれていた。私や母としては全てのカードを切りきる前に断酒に踏み切ってほしいという願いは当然あったが、実際に解雇されることは免れ、そして解雇以外全てのカードを切った時点で姉が断酒を決意したのは成果だと言える。

「罪と罰」という観点から見て、我々が恵まれていた点としては、「姉は仕事に対するモチベーションが高かったこと」、「会社に理解があり、解雇というカードを切る以外に数種類の『罰カード』があったこと」、「柴さんが汚れ役を引き受けてくれて、私と母が姉の支援者という立場を取ることが出来、時には『ある種の逃げ道』と言う役割を果たせたこと」が挙げられる。

この「罪と罰」について思うことは、ＣＲＡＦＴが言う「イネーブルしない」ことを実践しようと思うと「本人が起こした問題行動（罪）を容認する」という態度が必要となることである。そして適切な「罰」も必要となってくる。私の姉の場合、「罰」は仕事に関するものであった。どの罰が有効であるかは各アルコール依存症患者それぞれで異なってくるだろう。本人にとって何が有効な罰となるか見極める必要がある。そして「問題行動（罪）」についてだが、これは軽微なものであるに越したことはない。つまり、例を挙げると「多量飲酒により嘔吐して自分の部屋を汚してしまった（罪）」、「家族は片づけてくれず汚い自分の部屋で過ごすことになってしまった（罰）」といった具合である。この程度の罰により飲酒のデメリットを認識して断酒に向かうようであれば、それに越したことはない。

問題は社会が容認できる問題行動を超えてしまった場合である。姉の例でいうと飲酒運転である。幸い、姉の場合は大事に至らなかった。が、例えば「アルコール依存症患者が多量飲酒して車を運転してしまい子供をはねて死に至らしめた。それをきっかけに二度とお酒を飲むことはなかった」といった場合である。「飲酒運転により子供をはねて死に至らしめた」という罪と罰（良心の呵責）によって本人の断酒が実現できたわけである。つまり、本人の断酒を実現するために子供の命という犠牲が必要だったということになるが、「この問題行動は社会通念上、容認できるか」ということである。私がその子供の親なら絶対に許せない。CRAFTが言う「イネーブルしない」ことを実現するには問題行動を容認することが必要となる。当然ながら問題行動は小さければ小さいほど良いが、小さい問題行動であれば、それに対する罰も相応に小さくなるため断酒を促すには至らない。前述の飲酒運転で子供をはねた場合、断酒できるかもしれないが犠牲が大きすぎる。問題行動が小さくて、かつ罰が本人にとって大きいというのが理想であるが、その要件を満たす事柄が都合良く見つかるかどうか不明である。

・恋愛について

「諸刃の剣」の章で述べたことであるが、アルコール依存症患者における「恋愛」は一つのキーワードだと思う。アルコール依存症が「孤独や孤独感」が引き起こすものである以上、患者本人が無意識に自分を守る方法として「恋愛」を求めるのかも知れない。そしてこの「恋愛」は周囲の人間が介入しづらい問題である。基本的に「いい歳した大人が恋愛すること」は個人の自由である。「アルコール依存症を克服するまで恋愛するな」など言えるわけがない。義務教育やその後の教育においても「恋愛」について教えられることなどないので、基本的には各個人が好きなようにする類のものである。そして他者の介入が難しい。会社の上司がアルコール依存症の部下のことについて心配したとしても、恋愛事情まで踏み込んで聞くことは不可能である。今のご時世ならセクハラで訴えられてしまうかもしれない。家族や医師であっても、相当な信頼関係がないと恋愛について話し合うことは難しいだろう。私の家族の場合は、恋愛についてそれほどオープンな環境ではないので、話し合うことは不可能である。恋愛はある種、タブーな領域である。一般的な内科や外科的な疾患であれば恋愛による影響は少ないと思われるが、依存症（アルコール依存症）には密接に関連があると思われる（これは私の推測であり、エビデンスに基づいているわけではない。そもそも恋愛とアルコール依存症との関連を調査した論文は殆どない）。

　エビデンスに基づいて話しているわけではないが、感覚的に理解できるのではないかと思う。アルコール依存症に限らず、芸能人が薬物依存症で問題となった場合にも高確率で恋人の存在と影響が報道される。アルコール依存症で精神科の病棟で入院している患者同士が恋愛をして、施設を脱走して駆け落ちし、アルコール依存症の病状が悪化してまた戻ってくるという話もある。周囲の人間は事の重大さに頭を抱えている状況なのに、当人たちは恋愛で「浮かれていて」ハッピーな状態になっているので、自分たちの置かれている状況を深刻に捉えていない。その温度差がまた、周囲の人を「うんざり」させるのである。そしてこういった「破滅的な恋愛」は十中八九、破綻して終焉を迎え、それがアルコールや薬物の過剰摂取のきっかけとなって当人たちに振りかかってくる。まー、よくある話ではある。依存症に限らず、昔から「Love is blind（恋は盲目）」と言われる通り、恋愛中でハッピーな当事者たちは周囲の人たちの話に耳を傾けようとはしない。アルコール依存症の場合だと、更に周囲の意見は通らなくなる。その上、恋愛自体にも依存してしまう人がいる。「私、あの人（男）がいないと生きていけない」といったパターンである。この「孤独感から飲酒に走り、アルコール依存症となり、アルコールによって増幅された孤独感から抜け出すために破滅的な恋愛に走り、恋愛のトラブルによって依存症がさらに悪化」という一連の流れをどう捉えて、解決していくか答えが出ない。「好き、嫌い」といった人間の根源的な本能によるものでもあり、個人の自由な領域でタブー化されていることもあり、有効な解決手段が見当たらない。私にはアルコール依存症と恋愛に何らかの相関が示唆され、そして諸刃の剣であること、それも最終的に病状を悪化させる可能性が高い剣であること、としか言えない。

・行政機関の対応

次に、アルコール依存症患者を取り巻く行政機関の対応について考えてみたい。最初は医療機関、つまり「病院」のことである。私も病院で働く身として肩身が狭い部分もあるが、自分のことは棚に上げて問題点を挙げてみる。一般的に多量飲酒をして意識がないとのことで救急要請した場合、急性アルコール中毒として病院に搬送される。多くの場合、何本か点滴したら調子が良くなって帰宅できる。時間帯や回復の程度によって一晩入院することもある。救急医療の現場は忙しいことが多く、その患者だけを対応するわけではないので何本も点滴して回復するまで何時間も救急室で待つわけにはいかないからだ。

健常者が「たまたま」お酒を飲み過ぎて救急搬送された場合はこれでよい。問題はアルコール依存症の患者が飲酒して救急搬送された場合である。この場合も搬送先の病院で採血や頭部ＣＴなどの検査をして点滴することが多く、点滴をすると意識状態が改善する。が、（私の場合もそうだったが）付き添いの家族が「何とかしてほしい！」と言って「なんとか入院させてもらえませんか」とお願いすることがある。急性アルコール中毒のように、「その日たまたま多く飲酒した」わけではなく、何日間も連続で飲酒して問題行動を引き起こすため、家族も疲れ切って「何とか病院で看てもらえませんか？」となる。患者を受ける側として答えると、答えは「ノー！」だ。私自身、こういった患者が救急搬送されて診る機会がしばしばある。が、時間外の救急現場でできる検査結果に異常なければ、原則として入院させることは出来ない。もし本人が入院を拒否していれば尚更無理である。どう見ても正常な状態ではないのだが、アルコール依存症は精神疾患なので内科的な病気が疑われるわけでなければ入院させることは出来ない。かといって、精神疾患として入院することが出来るかと言われれば、それも「ノー！」である。

まず、時間外に（３６５日、24時間）精神疾患を診られる施設が殆どない。各都道府県に数か所レベルである。入院施設がある精神病院も同様に少ない（多くの場合、時間外に診られる施設が入院対応している）。そして時間外対応している施設に連絡しても部屋が空いてなければ入院出来ないし、入院の適応がなければ入院出来ない。精神疾患は一般的な急性期の病気と比較して入院期間が長期に渡るため、どの病院も満床近くなっていることが多い。時間外対応している施設であっても「アルコール依存症患者が飲酒している場合は診られません」と言って断られる。自殺や他人に暴力をふるうような「自傷他害の恐れがある」場合に、いわゆる「強制入院」させることは出来るが、それも多くのアルコール依存症の場合、適応がない。

はっきり言ってしまえば、アルコール依存症患者とその家族は「流浪難民」の状態である。２００８年の厚生労働省のデータによればアルコールによる社会的損失費は４兆円に及び、タバコによる社会的損失を上回るという説もある。その社会的損失の中には暴力、飲酒運転、自殺といった内容も含まれている。こういったアルコールが引き起こす社会的損失が明らかであるにも関わらず、「自傷他害の恐れはない」と簡単に言えるのかはなはだ疑問だ。一方で「社会的損失が甚大だ」という報告書を出しておきながら、もう一方で「アルコール依存症に関しては強制入院の適応外」となるようなルール作りをしているのは厚生労働省ではないのか、と思う。自分がルールを作っているのだから、そのルールに矛盾があるのなら変えたらいいだけの話だと思ってしまう。また、「アルコール依存症患者が飲酒をしている場合、診ることはできない」と言う病院も意味が分からない。家族は「飲酒をするから」困っているのに関わらず、である。病院で働く身として、病院側のスタンスも理解できなくはないが、一般人の感覚でいえば「喘息の持病を持つ患者が、喘息発作を起こしたときに病院は診ない」と言っているようなものである。誰が聞いたって（そこの病院で働く人以外は）納得いくわけがない。

受け手である精神科病院にも言い分はあると思う。しかし、百歩譲って「強制入院の適応がない」、「アルコール依存症患者が飲酒しているときは診察できない」にしても、家族に対して相談する窓口等、「解決の道筋」を紹介することぐらい出来るだろう、と思う。本書にて再三紹介している通り、「ＣＲＡＦＴ」はアルコール依存症患者に対して書かれておらず、その家族に向けて書かれている。しかも、そのゴールは「アルコール依存症が断酒して病気を克服すること」ではなく、「自分の意志で病院を受診できるように家族がサポートすること」である。要は「本人が病院を受診する」ということが、「如何にハードルが高いか」示している。そういった性質を持つ病気に対して、精神科病院や行政の対応はあまりにお粗末と言わざるを得ない。

姉の例においても、多量飲酒をしてネグレクト、暴言・暴力行為や自傷行為に準じた行動を取った際、私や母が救急要請しても、まず「本人の同意がないと救急車で搬送することは出来ません」と言われ断られる。「それならば」と、暴力的な行動があるため警察に相談しようと通報するが、駆けつけた警察も受け皿がないため「どうすることもできず」、と関わった全ての人にとって無駄な時間を費やすこととなった。救急隊にせよ警察にせよ、精神科病院に連絡を入れて、その病院が「強制入院の適応は無いし、飲酒しているので診察できないが、家族が『〇〇という機関』を受診して、家族がどういった対応を取るべきか指導を受けて下さい」と一言言えば済む話ではないか。救急隊も警察も（応召義務があるため）わざわざ家まで出向いて、長時間にわたり複数の人間が姉の説得にあたり、その間に別の人間が受け入れ先を探して複数の病院に連絡しては断られる、と多くの人の貴重な時間を奪ってしまった。医療機関が家族に対して対応方法を示すべきである。関東では医療機関から「本人を連れてきてください」としか言われなかったが、しらふのときに病識がない姉を無理やり受診させることなど不可能な上、それほど簡単に姉を受診させることが出来るのなら誰もこれほど苦労しない。

「家族に対して速やかに窓口を示すべき」という他にも行政機関に対する不満はある。それは「飲酒運転」のことである。「罪と罰」の項でも述べたが、ＣＲＡＦＴは家族に対して「イネーブルしないこと」を説いている。「自らが招いた問題行動について自身が責任を取る」ということである。が、「飲酒運転による人身事故」のように問題が容認できない場合にどうするか、である。昨今、大きく問題視されてきている「高齢者が自動車を運転することによる交通事故」と同じだ。どちらも認知機能の低下により運転操作を誤る。アルコール依存症の場合、「暴力的な」感情が増幅される面もあるので一層性質が悪い。アルコール依存症患者が飲酒して人身事故を起こせば、本人のみならず家族に対しても強烈なバッシングが浴びせられることは想像に難くない。私もＣＲＡＦＴと出会う前であったが、姉が飲酒運転で人身事故を起こしてしまうことを何よりも恐れていた。結果的に、姉の会社と根回しして社有車を取り上げ、そのことで姉から猛烈な逆恨みを買う羽目になってしまった。しかし、ＣＲＡＦＴを勉強して「イネーブルしない」ことを学んだ今であっても、やはり姉から車は取り上げると思う。

これは本当に「行政機関がなんとかしてくれないか？」と切に希望する。世間の人に誤解ないよう言っておくが、あくまでアルコール依存症は精神疾患の一つであり、悪いのは「お酒」であり本人ではない。しかし、被害を受けた人や家族からすれば、「病気だったら仕方ないですね」と割り切れる筈がない。本当になんとかしてほしい。家族も必死で車を取り上げようとしているのである。先にも述べたように「意外と仕事が出来る」ということも問題であり、飲酒して歩けずにベッドで寝そべっているだけなら問題はない。が、意外と仕事が出来てしまうため職場の人でさえも気づかなかったりする。そんな状態で、アルコール依存症を発症している運転手がタクシー、トラック、電車、飛行機を運転（操縦）して重大な事故につながってしまったら、と想像すると怖くなる。本人がこの重大な事故でアルコール依存症から離脱できるきっかけをつかんだとしても、その代償となる犠牲があまりにも大きすぎる。

本人も飲酒して運転（操縦）してはいけないと認識しつつも、アルコール依存症を発症していれば自分の意志で飲酒を止めることは不可能である。アルコール依存症が疑われた段階で、速やかに運転（操縦）を行政機関が取り上げるべきである。家族が取り上げようとするのにも限界がある。運転（操縦）を取り上げられることで、本人は「仕事ができない、職を失う」といった事態に陥るかもしれないが、それを「罰」として本人が受けることでアルコール依存症から離脱するきっかけとしていくのが妥当な道筋だと思う。

・個人情報の保護について

飲酒運転と高齢者による運転を例えたが、アルコール依存症患者が飲酒したときの言動と認知症を患う高齢者の言動はよく似ている。徘徊、健忘（物忘れ）、失禁、暴言、暴力等、介護の世界で頻繁に目にする光景である。アルコール依存症患者も同じだ。アルコール依存症患者も（特に飲酒したとき）著しく認知機能が衰えている。そして、認知機能が衰えると自分自身で立て直すこと（自浄能力）が困難となる。それを立て直すためには、やはり家族の力が重要となってくる。ＣＲＡＦＴが家族向けに書かれていることからも分かる通り、周囲の人間から働きかけていくことが大事である。そこで障壁となるのが「個人情報の保護」という問題である。患者本人の認知機能が衰えており、自浄能力が期待できないから家族がサポートするわけだが、家族がサポートしようとすると患者本人の情報を第三者（医療機関）とやり取りせざるを得ない。つまり、このような状況の下で「個人情報の保護」を遵守する必要があるか、ということである。

そもそも「個人情報の保護」は医療現場の切迫した場面で全て遵守することは不可能である。現場に遭遇したことがある方なら思い当たるだろうが、認知症を持つ高齢の親が肺炎や心不全、悪性腫瘍のなどで入院する場合、医師は「延命処置をするかどうか」の確認をとることがしばしばある。超高齢や原疾患の末期などで心肺蘇生処置を施したとしても救命する可能性が低い場合に、家族が「延命処置の拒否《ＤＮＲ：do not resuscitation》をする。これは厳密に言えば「本人の尊厳死」にあたるため本来なら「延命処置を希望するか否か」本人に確認を取るべきであるが、実際の現場では家族に確認を取ることが多い。事前に本人と家族がきちんと話し合って決めていれば良いが、そんなに準備の良い家族は多くない。認知症が進んでいる高齢の患者の場合、厳密に言えば成人後見人制度などで意思決定を本人以外にゆだねるようにすればよいのだが、即入院、かつ急変する可能性が高いような切迫した場面で、そのような制度を利用している時間はないし言い出す人もいない。当然、医師は病状や急変の可能性が高いことを患者の家族に説明することとなるが、「個人情報の保護」を遵守するなら説明できないはずである。残される家族にとって、延命処置により本人が苦しむ姿（本人は意識がないので苦しんでいるか定かではないが）を見たくないというのも致し方ないことである。こういった状況では「個人情報の保護」は当然遵守できない。

アルコール依存症の場合、回復する見込みがないわけではないし、超高齢で意思決定できないわけではない。しかし、アルコール依存症の患者が多量飲酒により意識混濁を繰り返しているような場合、暴力をふるうこともあれば失禁することもあるし、飲酒運転も辞さないこともある。いったい認知症の高齢者と何が違うのか。自身に社会的な判断力が欠如している以上、家族や会社、病院へ判断をゆだねることや（たとえば、自動車運転免許証の一時返納、運転を必要とする仕事から配置換え、運転に携わる業務の禁止、など）、本人の同意がなくとも医療機関と家族の情報交換などは必要悪と思われる。個人情報の保護を遵守することでアルコール依存者の権利を守ることになるかもしれないが、それを重視するあまり飲酒運転などで無実の人を殺めたりすることがあってはならないと思う。病識がないアルコール依存症患者はそもそも病院を受診しないし、病院を受診したとしても「アルコールを飲んでいません」と事実と異なる発言をする。「個人情報の保護」を遵守すれば、それ以上話を進めることができない。

本来、「個人情報の保護」は本人のプライバシーを守るため、つまり本人にとって有益となること（厳密に言うと、本人にとって不利益となることから本人を守る）を目的としている。しかし、アルコール依存症患者の場合、自身に自浄能力は無く、本人も飲酒がもたらすネガティブな言動に振り回されて不利益を被っている。アルコール依存の地獄から抜け出すことが出来れば本人にとって大いなる利益となる筈なのに、その前段階で「個人情報の保護」が障壁となれば結果として本人にとって不利益となってしまう。何でもかんでも本人の情報を第三者に提供して良いとは思わないが、治療上有益となる情報に関しては範囲を限定（家族）したうえで提供すべきだと思う。そして、その判断は医師や医療スタッフに委ねれば良いと思う。

以上が姉の経過を通じて「良かった点、悪かった点」について振り返ってみた内容である。ＣＲＡＦＴと出会うまでに悪戦苦闘していた点に関して、「家族が相談できる窓口（道筋）を各医療機関が示すこと」、「飲酒運転による事故を防ぐこと」、「家族がサポートしやすい環境を作る（個人情報の保護について一部緩和）こと」について行政機関が改善してくれることを切に願う。

あとがき

姉が自発的に断酒を始め、「この本を書こう」と思っていた矢先、私は夜間に救急病院で当直をしていた。と、看護師から連絡があり、「救急要請があります！　先生、引き受けること可能でしょうか？」と尋ねられた。「こちらに断る権利なんてあるのかな？」と思いながら、搬送される患者について聞いてみた。看護師がそれに答え、「63歳、男性。腹痛を主訴に救急要請されました。救急隊からの情報によると何度も警察のお世話になっているようです」。続けて「何か搬送後に問題があるようでしたら、すぐに警察を呼ぶと本人にも伝えているようです」と。

正直言って断りたかった。どう考えても重症感は無いし、その上バイオレンスな香りがする。私はこの手のタイプの人間が苦手である。どうも、恫喝してきたり、威圧してきたり、手を上げたりするタイプは男女を問わず、昔から苦手だ。「ブラックリストにある人ですか？」と私は看護師に尋ねた。ここで病院の内情を明かすと、用がないのに頻回受診してくる患者や、暴力を振るったり、治療費を踏み倒したり、と過去に素行が悪く、その病院で受診拒否となっている患者（いわゆるモンスターペイシャント）のリストを「ブラックリスト」と呼んでいる。内心、「この救急要請してきた患者がブラックリストに載っていてくれたら」と思った。看護師は「当院にブラックリストはありません」と答えた。「なんだ。最初からこちらに断る権利など、無いじゃないか」と思いつつ、「受け入れます。搬送してください」と私はしぶしぶ答えた。

数分後、搬送されてきたのは初老の男性だった。一目見るなり「んっ？」と私は思った。男性は暗めのシャツに黒のジャケットを着て、アイロンがけされたスラックスと綺麗な革靴を履いていた。白髪交じりの髪は整然としており、こざっぱりと清潔感のある身なりをしていた。救急隊からの事前の情報から、不潔でだらしない恰好をしているとばかり思っていたからだ。簡単な診察をして採血と点滴をするよう、看護師に指示を出した。そして、救急隊が置いていった搬送記録を見て、また「んっ？」と思った。飲んでいる薬の中に断酒補助薬（一般名：アカンプロサートカルシウム）が書かれていたからである。私は興味をそそられ、その男性に聞いてみた。「断酒補助薬を飲んでいるのですか？」。男性は答え、「数日前まで断酒するために入院していた。そしてまた来週から断酒するために入院する予定でいる」。そう、この男性はアルコール依存症なのだ。

「この本を書こう」と構想を練っていた最中の私にとっては、まさに「鴨が葱を背負ってくる」状態だった。私はその男性に根掘り葉掘り質問した。基本的に私は無愛想な人間なので、患者さんと会話することを好まない。特に常勤で働いていた頃は、とかく時間がなく、多くの患者さんを診るために無駄口をたたいている暇はなかった。その習慣が身についているため、患者さんに対して必要最低限の会話しかしないことが多かった。患者さんと私が話し込む姿を看護師は物珍しい様子で見てきた。が、救急現場は他の患者も多くバタバタとしていたため、私がその男性を付きっ切りで対応することを伝えると、看護師は席を外した。

その男性は大学を中退して大手メーカーに勤めていたが、その会社に勤めている最中にアルコール依存症となり、警察の厄介や欠勤を理由に解雇されたのだった。飲んでしまうと記憶がなくなり、無銭飲食や器物損壊などで通報されて警察に連れて行かれるとのことだった。何度も断酒を試みたが失敗してしまい、今回断酒を目的に数日前まで入院していたが、やはり退院してから飲んでしまって失敗してしまったため、かかりつけの医師と相談の上、来週から別の施設に入院してアルコール依存症を克服したい、とのことだった。話を聞いているうちに、その男性の思いが伝わってきた。その男性から、「本当は飲みたくないのだけれども飲んでしまう」、「飲んでしまって問題行動を引き起こしてしまうために、何とかして断酒したい」思いが伝わった。

この男性は妻子持ちであるが別居しているとのことだった。ただ、家族関係がそれほど悪いわけではなく、本人がアルコール依存症であることに理解があり、やや疎遠ではあるが断酒をサポートしてくれているようだった。私は「何故アルコール依存症になったのか」尋ねてみた。男性は答え、「私は大学を中退して大手メーカーで勤めていた。大手メーカーで勤めて勤続年数が長くなると、有名大学を卒業した優秀な人間とやりあっていかないといけない」。「私は大学を中退したため、引け目を感じるようになり、プレッシャーと戦っていくうちにアルコール依存症となってしまった」。「家族と仕事と完璧にこなそうとしていたのがストレスとなっていたのかも知れない」と話した。

「アルコール依存症になりたくてなったわけではない」。姉も同様に追い詰められていたことを思い返して、私はその男性に大いに同情した。そしてその男性からは、姉よりもずっと「何とかアルコール依存症を克服したい」という思いが感じられた。根が真面目なのだと思う。「ただ入院するだけでは意味がない」「試験外泊のときに必ず飲んでしまうし、『飲んでいません』と報告すれば済むだけのこと。何とか自分の意志で断酒しないと」、とも話していた。「来週入院した暁にはユングでもフロイト（心理学者）でも勉強して、何とか断酒したい」と。私は「どうせ心理学を勉強するならアドラー心理学の方が役に立つのでは？」と内心思いつつも、その何とか病気を克服しようとする姿勢が伝わってきた。

その男性の生い立ちについて詳しく聞いていくうち、私もその男性も腹痛のことなど吹き飛んでしまった（最初から重症感は皆無だったので当然である、が）。ブタ箱にぶち込まれたり、断酒会に参加した様子について尋ねてみた。警察に捕まって拘置所で拘留されたらしいが、その拘置所で様々な人と出会ったようだった。中には違法薬物の使用で捕まった人もいた。その違法薬物で捕まった人が言うには、「アルコール依存症の克服が一番難しい。何故かというと、アルコールは何時でもどこでも手に入るからだ」と話していたそうである。

また、断酒会の様子も話してくれた。合宿のような断酒会に参加したときは、財布も携帯も持ち込み不可で断酒に臨むそうである。そして、その断酒会に参加していた人の話をしてくれたのだが、その話は私にとって衝撃だった。アルコール依存症の人が断酒を始めた時に行く場所が「墓場」なのだそうである。私は「墓場に行って自殺でもするのかな」と思いながら話を聞いていた。話は違った。「墓場」に行くわけは「お酒」である。「墓場」に行くと、お供え物としてお酒が置かれていることが多いため、「どうしても飲みたい」と思うと「墓場」にあるお供え物のお酒に手をつけるそうである。

衝撃だった。と同時に、アルコール依存症患者にとって「お酒を飲みたい」という思いが、まさに飢餓状態のような凄まじいものであることを改めて思い知った。それほどまでに「お酒を飲みたい」という渇望が強いのである。もはや本人の意志が弱いためにお酒を飲んでしまう、といったレベルでは無いことが伺えるエピソードだった。

ほどなく、その男性の採血結果が出て、私が異常無いことを伝えると、「先生、ありがとう」と言って帰っていった。私は「これほど貴重な話を聞けて、こちらこそありがとう」と内心思いながら、「アルコール依存症が克服できるよう、応援しています。お大事に！」と声を掛けた。

この男性の場合、解雇や拘置所に拘留されるなど、多くの痛い目に遭いながら（罰を受けて）、アルコール依存症を克服するという決意をするに至っている。私の姉の場合、本人が痛い目に遭いつつ、家族がＣＲＡＦＴを実践することにより、医療機関への受診、断酒を決意するようになった。これまでアルコール依存症患者を持つ家族が、「どのようにしてＣＲＡＦＴを実践していったか」について述べたわけであるが、最後の男性の例のように（一応、妻子はいるようであるが）、家族を持たず、孤独な状態でアルコール依存症を克服するには一層ハードルが上がるように思われる。

普段、私は、こういったアルコール依存症の患者が何らかの不調を訴えて受診してくるのを医師として診察している。が、姉がアルコール依存症となってから、患者だけでなく、その家族がどういった苦労を抱えているか身に染みて分かるようになった。

父の死、叔母の孤独死、姉がアルコール依存症を発症するという経験をしてきた私にとって、本書は医師というより、患者の家族という視点で書き進めてきた。これまで再三述べてきている通り、アルコール依存症の患者はお酒を飲まざるを得ない状況に追い込まれて飲んでいる。無理やりお酒を取り上げれば解決する話ではない。ＣＲＡＦＴを実践して本人が医療機関を受診するようになれば差し当たり問題無いのではあるが、家族を始め周囲の人間は「何故、お酒に走らざるを得なくなったのか」を考える必要がある。アルコール依存症患者が孤立感を感じ、お酒に依存するようになった状況を改善する必要がある。それには薬や手術、入院といった一般的な医療行為だけでは限界がある。

孤立感・孤独感を感じる背景には「一人で問題を抱えてしまう」ことがあると思う。周囲の人間はそのサインを見逃さないようにするのが依存症を予防する一つの方法となる。一旦、アルコール依存症を発症してしまうと、本人はともかく、周囲は巻き込まれて散々な目に遭う。周囲の人間にとって腹立たしいことばかりではあるが、患者の根底には「誰も分かってくれない」という孤独感・絶望感があることを理解してほしい。飲酒が引き起こす迷惑行為に腹を立てる前に、この孤独感・絶望感に寄り添うことができたら良いのでは、と思う。そう思うことで患者だけでなく、周囲の人間自身が楽になるはずだ（迷惑行為に腹を立てるだけだと、本当にストレスが溜まる一方である）。そして、この「患者の孤独感・絶望感に寄り添う」というのは「患者を甘やかす」こととは異なる。飲酒が引き起こす迷惑行為に関しては、怒るのではなく毅然とした態度で患者本人に責任をとらすべきである。周囲の人が手を差し延べるのは、あくまで「お酒に走らざるを得ない状況（心境）」に対してである。

アルコール依存症は良好なコミュニケーションが不足することにより発症するし、また周囲の人が良質なコミュニケーションをとることによって治療へと結びつけることもできる。本書を通じて、アルコール依存症の患者を持つ家族自身が「自分の言葉によって患者を治療へと結びつけることが出来る」と自信を持ち、一人でも多くの患者が救われること、そして何よりもアルコール依存症に振り回される患者家族が「八方ふさがり」の状況から離脱できて自分自身の人生を謳歌できるようになれば幸いである。

参考資料

厚生労働省ホームページ　URL：https://www.mhlw.go.jp/index.html

ＣＲＡＦＴ【Community Reinforcement And Family Training】飲酒問題や薬物問題に悩む家族のためにアメリカで開発されたプログラムで、コミュニティ強化法と家族トレーニングの略称。ここで言う「Community= コミュニティ」とは、本人を取り巻く環境のこと。

『残酷な世界で生き延びるたったひとつの方法』橘玲 著　幻冬舎　２０１５年